JN075017

新時代の

# 中学野球部

勝利と育成の両立を目指す
名将の指導論

大利 実［著］

KANZEN

# はじめに

ここ数年、中学校の部活動を取り巻く環境が大きく変わり始めている。

2018年3月にスポーツ庁から『運動部活動の在り方に関する総合的なガイドライン』(部活動ガイドライン)が策定され、週あたり2日以上の休養日を設け、1日あたりの活動時間を平日は2時間程度、土日は3時間程度とすることなどが明記された。ここに、コロナ禍が重なり、多くの学校で活動時間が減少。教員の多忙化を解消するために、地域によっては「休日の部活動の外部委託」が本格的に始動している。また、2023年からは、加盟校単位での出場が原則とされていた全国中学校体育大会(全中)において、総合型地域スポーツクラブなど民間団体に所属する選手の参加も認められ、参加要件が緩和された。

野球部に視点を移すと、少子化の流れ以上に部員数が減り続け、2002年が約31万5000人、2012年が約26万3000人、そして昨年2022年は14万1000人(いずれも男女合計)。合同チームが増え、ひとつの学校では9人揃わない事例が出てきているのが現状だ。

私は2002年から中学軟式野球部の取材を本格的に始め、知恵と工夫と情熱を持って、中学生の技術と心を育てる多くの指導者に出会ってきた。部活動を取り巻く環境が変わっても、その姿勢は何ら変わらず、熱い指導を続けている。その取り組みをまとめたのが、2022年3月に出版した『中学野球部の教科書　育成年代の「技術と心」を育む』(小社刊)である。

今回の『新時代の中学野球部　勝利と育成の両立を目指す名将の指導論』は第二弾となる。

「勝利と育成の両立」を柱に、「短い時間で成果を上げる」「中学から野球を始めた生徒への指導法」「部員数を増やすための取り組む」「合同チームの作り方」「クラブチームの運営法」など、今の時代だからこそ出てくる現場の悩みや難題に応える一冊になっている。

２０２２年夏に全中を初制覇した東京・駿台学園中の西村晴樹監督、勝谷大コーチ、２０２３年春の全日本少年軟式野球大会で2連覇を達成した鹿児島育英館中の森永顕悟監督、宮田由貴夫コーチをはじめ、中学生のやる気スイッチを入れることに長け、２０２２年春の全日本少年でベスト４入りを果たした神奈川・相模原市立相陽中の内藤博洋監督、未経験者の指導に優れた山梨・南部町立南部中の遠藤浩正監督、年間通して放課後およそ1時間の練習でありながら県ベスト４に食い込んだ岡山市立御南中の田島直哉監督、キャッチャー育成に長けた千葉・船橋市立葛飾中の長岡尚恭監督らに登場いただいた。

さらに、中学野球だけに限らず、２０２２年夏の甲子園で東北勢悲願の全国制覇を遂げた宮城・仙台育英高の須江航監督、猿橋善宏部長からは「中学時代に身に付けてほしいこと」をテーマに、熱いメッセージをもらった。プロ野球界からは、中学から野球を始め、わずか6年でプロの世界にまで登りつめた北海道日本ハムファイターズの上沢直之投手が登場する。

何かひとつでも、読者のみなさんの心に残る言葉や考え方をお届けすることができれば、ライターとしてこの上ない喜びである。ぜひ、最後までお付き合いよろしくお願いします。

２０２３年6月末　スポーツライター　**大利実**

新時代の中学野球部　目次

北海道日本ハムファイターズ

# 上沢直之 投手

## 中学の段階で野球の実力は関係ない 工夫や努力の仕方で、将来は変わる

日本ハムの主戦投手として、2022年まで61勝を挙げた上沢直之投手。小学生のときはサッカー少年で、本格的に野球を始めたのは千葉・松戸市立第一中に入学してからという経歴を持つ。そこから野球歴6年でドラフト指名を受けた。上沢投手に原点となる中学時代を振り返ってもらった。

うわさわ・なおゆき　1994年2月6日、千葉県松戸市出身。松戸市立第一中学校から専大松戸高へ進学。2年生からエースとして活躍。3年春に関東大会出場。甲子園出場はないが2011年ドラフト6位で北海道日本ハムファイターズに入団。2021年にはキャリアハイの12勝をマーク。ファイターズ先発陣をけん引する。

## 遠投でピッチングのコツを掴む

**――中学から野球を始めた上沢さんが、なぜ高卒でプロ野球選手になれたのか。そのあたりをたっぷりお聞きできればと思っています。**

**上沢**　はい、よろしくお願いします。

**――「中学時代の思い出」と聞かれたら、どんなことが思い浮かびますか？**

**上沢**　最初は試合にまったく出られなくて、「野球ってすごく難しいな」と感じた記憶があります。ルールはよくわからないし、レベル的にも小学校からやっていた友達とは差がある。はじめのうちは、一緒にプレーできるレベルではありませんでした。

**――「野球がつまらない」と感じることはなかったですか。**

**上沢**　とりあえず、試合に出るまでは面白いかどうかもわからない。下級生のときは、「試合に出られるようになるまで頑張ろう」と考えていました。

**――中学校から野球を始めたことへの〝気後れ〟はなかったですか。**

**上沢**　３つ上の兄も中学から野球を始めていたので、そういうことは思わなかったですね。小学生のときはチームには入っていなかったですけど、友達と野球に近い遊びをしたり、父親とキャッチボールをしたり、楽しさも感じていました。ただ、硬式のクラブチームに入る選択肢はさすがになかったので、「野球をやるのなら学校の部活」と決めていました。

**――実際、中学で試合に出始めたのはいつぐらいでしょうか。**

**上沢**　中2の秋ぐらいです。それまではコントロールが悪かったんですけど、やっとストライクが入るようになって、ピッチャーが楽しくなってきました。それなりに人よりも遠くに投げられていたこともあって、遠投をするのが好きだったんです。遠投をしているうちに、体の使い方がわかってきて、ボールを投げる感覚を掴んだのはあると思います。あとは、親に買ってもらった本で、プロ野球選手のフォームを研究することもありました。投げ方なんて教わったことがないので、「こうやって投げればいいのか」と見様見真似です。変化球の握りが書かれた本を読み終わったあと、18時過ぎに近所の陸上部の友達を公園に呼んで、「カーブ投げるから捕ってよ」とすぐに試した思い出もあります。

## マラソン大会で「プレステ」をゲット！

**――ボールを投げるのが得意だったということは、運動神経にも優れていたと推測しますが、小さい頃はどんな遊びをしていましたか。**

**上沢**　父親とバッティングセンターに行ったり、ゴルフの打ちっぱなしにも連れて行ってもらったり、父親が好きなことについていく感じでした。海に行って、ボディボードで遊んだ記憶もあります。外で遊ぶのが好きでした。

**――SNSで小学6年生時の写真を見たことがありますが、結構、ぽっちゃりしていますよね。**

**上沢**　だいぶ、でかいです（笑）。あれには理由があって、小2の頃に「マラソン大会で3位以内に入ったらプレステを買ってやる」と言われて、頑張って2位に入ったんです。それでゲームをやる時間が一気に増えて、運動量が落ちました。『クラッシュ・バンディクー』にハマって、高学年になってから、『パワプロ』(実況パワフルプロ野球)をやるようになりました。でも、野球のルールはわかってないです。プロ野球中継を見ていても、「何で外野がフライ捕っているのに、サードランナーが走っているの？」(犠牲フライ)というレベルの理解でした。

**――小学6年生時の身長体重は覚えていますか。**

**上沢**　たぶん、163センチ、70キロぐらいですかね。そこから背が伸びて、高校入学時に183センチ73キロぐらいになったと思います。

**――ぽっちゃり体型から、スラリとした体型に。**

**上沢**　牛乳が好きで、3食すべて牛乳を飲んでいました。あと、よく寝ましたね。遅くても22時前には寝ていたのも、良かったのかもしれません。夜更かしした記憶はありません。

## 中学時代から「プロになれるもの」と思っていた

**――中学時代に、「おれ、プロに行けるかも」と思ったことはありますか。**

**上沢**　「行けるかも」というより、野球をやる子どもって、最初は「プロ野球選手になれる！」というところから始めますよね。それの延長でやっていたので、「プロになれるもの」と思っていました。

**――たしかに小さい頃、根拠のない自信がありますね。**

**上沢**　おそらく野球を始めた頃の気持ちが、ずっと変わらずに続いていただけです。リアルに大きな挫折があれば、考え直すんでしょうけど、そういうのもなかったので。中学から野球を始めて、3年のときはストレートの最速が130キロを超えるようになって、松戸市選抜にも選んでもらえました。学校でも選抜でもエースではなかったですけど、中学でこれだけ球速が伸びれば、高校では150キロは出るかなと、自分の伸び代に期待していたところもあります。

**――松戸市選抜では、驚くことに宇佐見真吾選手（取材時・日本ハム／2023年6月から中日に移籍）とバット引きをやっていたそうですね。**

**上沢**　そうなんですよ、2人でバット引きです。

**――控えの2人がプロ野球選手になることを考えると面白いですね。**

**上沢**　本当にそう思います。中学のときの実力は関係ないのかなって。今思うと、良い意味で想像力がなかったんだと思います。「プロはおれには無理だな」とか「ここが自分の限界かな」と決めつけなかったことが、自分の成長につながったと思います。まだ知識もなかったので、「こういう選手がプロになる」というのもわかっていなかったんです。

**――中学から野球を始めた強みかもしれませんね。**

**上沢**　そうなのかもしれません。

**――中学時代で覚えている試合はありますか。**

**上沢**　あります。たしか松戸市選抜で、勝ったら関東大会に行ける大事な試合。1アウト三塁のピンチで、周りから、「ピッチャーゴロがきたら、ホームだぞ！」と言われていました。そこで三振を取って、2アウト三塁になってから、ぼくのところにゴロが飛んできたんです。「あ、ピッチャーゴロはホームに投げなきゃ」と思っていたので、すぐにホームに送球。でも、キャッチャーはまったく準備していなくて、頭が混乱したまま一塁に悪送球をして、その1点で負けました。ぼくは言われたままに、ホームに投げただけなのに（笑）。

――**2アウト三塁でピッチャーゴロなら、ファーストですね。**

**上沢**　まだ、ルールがよくわかっていなかったんですよね。今でも当時の仲間には、「お前のせいで負けた」と突っ込まれます。

## 中学校生活そのものが楽しい思い出

――**中学時代、「軟式」で良かったと思うことはありますか。**

**上沢**　硬式クラブを経験していないので比べるのは難しいですが、肩やヒジの負担は軟式のほうが少ないかもしれません。周りからも、そう言われることがありました。あといわゆる「勝利至上主義」みたいなチームではなかったので、自分のペースで投げられたことも良かったと思います。

――**中学校では何番手だったのでしょうか。**

**上沢**　三番手です。3年の夏は背番号20。選抜チームには、人よりもボールが速かったので選んでもらえたみたいです。

――**「未完の大器」ですね。仮に、勝利を過度に求めるチームにいたら苦しかったでしょうか。**

**上沢**　そうだと思います。まだ野球を始めたばかりで、ひとりだけ小学生みたいな感じでした。こんなプレーがあるのか、こんな変化球を投げられたら面白そうだな、という気持ちからのスタートなので、勝利を求められたら楽しくなかったと思います。

**――ここ数年、中学から野球を始める選手が増えてきています。**

**上沢**　中学から始めてもプロ野球選手になれますし、実際にぼくはなっています。中学の段階で実力的に劣っていたとしても、気にすることはありません。工夫や努力の仕方で、将来は変わってきます。

**――上沢さん自身、中学時代に戻れたら、「こういうことやっておけば良かった」と思うことはありますか。**

**上沢**　ないですね。

**――「やれることはやった？」という意味ですか？**

**上沢**　「やることをやらなくて良かったな」という意味です。

**――同じ質問をプロ野球選手にしてきましたが、その考えは初めてです！**

**上沢**　ランニングとかトレーニングとか、細かい野球の技術とか、専門的なことは高校に入ってからでも間に合うと思います。中学のときは休みの日に友達と遊んだり、学校生活が楽しかったり、良い思い出がたくさんあります。高校に入ると、どうしても野球中心の生活になるので、中学生のうちに遊んでおいて良かったなって。

**――恋愛もしていましたか？**

**上沢**　していましたよ。間違いなく言えるのは、学校生活の中で中学生のときが一番楽しかったです！

**――家に帰ってきてから練習することはありましたか。**

**上沢**　キャッチボールや素振りはやっていましたけど、走ることはなかったですね。「ピッチャーは走ることが大事」と言われても、当時の自分には走る意味がまだわかりませんでした。

## 家から近い理由で選んだ専大松戸高

**――高校は地元の専大松戸高へ進学。過去に竜ヶ崎一高、藤代高、常総学院高を甲子園に導いた持丸修一先生が監督を務める学校です。**

**上沢**　いろいろなところで喋っているんですけど、専松に入った理由が家から近くて、学力が高いところだったからです。甲子園を狙える強いチームであることも、持丸先生のことも、まったく知りませんでした。はじめは優しいおじいちゃんだなと思ったんですけど、最初だけでした（笑）。同級生は結構うまくて、「何でこんなに良い選手がいるの？　うまいやつ多くない？」と本気で思っていました。チームメイトから、「持丸監督がいるから、この学校にうまいのが集まってきている」と聞いて、「へぇ、そうなんだ」って感じでした……。

**――そこから3年でプロに行くわけですから、漫画のような話ですね。持丸先生に聞いたことがありますが、1年生の春の段階で、「プロに行ける」と言われたそうですね。**

**上沢**　結構、早い段階で言われましたね。高校生なので、そうやって言われたら信じちゃいます。もともと、「プロに行ける」と思ってやっていたので、「そうか、じゃあ、頑張ろう！」って。

**――ピッチャーが走る意味は見出せましたか。**

**上沢**　見出せましたね。1年生のときはランニングでいつも後ろのほうを走っていたんですけど、3年生になるときはトップにいました。走ることによって基礎体力が付いたのは間違いありません。

あと、エースはチームを代表して投げる存在であり、その分、人よりも多く走らなければいけないと思うようになっていました。

## 自分がこれから変わっていく姿を想像する

**――上沢さんのように、「プロになりたい」と夢見る中学生がたくさんいます。ぜひ、部活を頑張る選手にメッセージをお願いします。**

**上沢**　何か、無理に頑張る必要はないのかなって思います。「楽しい」と思ってやれることが一番大事。といっても、毎日が楽しいわけではなくて、辛いことや嫌なこともあるはずです。そんなときは、自分がこれから変わっていく姿を想像してみてください。ぼくは、できなかったことが成功したときの楽しさが、野球を続ける原動力になっていました。

**――素晴らしい考えですね。部活の事情をお話しすると、教員の負担等も考慮して、部活を学校から切り離す動きが徐々に進んでいます。**

**上沢**　そうなってしまったら、寂しいですね。たしかに、先生方は大変かもしれないですけど……、授業が終わって、グラウンドで野球をやって、友達と一緒に帰る毎日が本当に楽しかったです。中学野球部だからこその面白さがありました。

**――プロになった今も、野球への楽しさ、面白さは持っていますか。**

**上沢**　さすがに楽しさの中身は変わってきていますけど、「こうやって投げたらこんなふうに曲がるのかな」と変化球を考えているときは今でも楽しいです。

――最後に、指導者の方が読む本でもあります。上沢さんの立場から、指導者に望むことはどんなことでしょうか。

**上沢**　中学の指導者であれば、型にはめて、勝つことだけを目指すような野球にはならないでほしいなと思います。生活面で間違ったことをしたらちゃんと叱ることは大切ですが……。その子の個性を大事にしてほしい。ぼくは、監督からフォームをいじられたことがなかったので、本や動画を見て、自分で考えて直していくクセが付きました。手取り足取り教える指導者だったら、また違う野球人生になっていたかもしれません。

――細かく教わらなかったからこそ、工夫ができたと。

**上沢**　本当にそう思います。細かい技術を教える人ではなかった分、自分で考えて工夫して、練習することができたので、自分にとってはそれが良かったのだと思います。

――選手にも指導者にも刺さる言葉をありがとうございます。今後のさらなる活躍を楽しみにしています。

写真：時事

東京・駿台学園中

# 勝谷 大
コーチ

# 西村晴樹
監督

## 「情熱×愛情×時間=強さ」日本一へ導いた、心と技術の教え

2022年夏、全国中学校軟式野球大会で5度目の出場にして、悲願の日本一を成し遂げた駿台学園中。西村晴樹監督がチーム作り、勝谷大コーチが技術指導を担い、勝利と育成の両立をはかっている。前半で西村監督の指導法、後半で勝谷コーチの投手育成法を紹介したい。

にしむら・はるき　1981年2月1日生まれ、東京都江戸川区出身。二松学舎大付高～日体大。中学時代は、西尾弘幸先生(当時・小松川第三中/現・上一色中)の教えを受ける。大学卒業後、社会人野球でプレー。公立中の講師を務めたあと、2011年から現職。就任1年目の教え子に清水昇(ヤクルト)がいる。

かつや・だい　1988年3月15日生まれ、東京都北区出身。修徳高～埼玉学園大。高校時代は3年春(2005年)のセンバツで、記録員としてベンチ入り。大学卒業後、2012年から修徳学園中のコーチを務め、2016年からは駿台学園中に移り、コーチに就任。技術指導やトレーニング指導を受け持つ。

## 我が子と同じように愛情を持って接する

**――2022年夏、ついに日本一を成し遂げました。優勝の要因はどこにあったと考えていますか。**

**西村**　自分自身のことで言えば、生徒との接し方を変えたことです。勝つこと、うまくなることだけを求めるのではなく、生徒ひとりひとりの人間的な成長を求める。共感してあげるようになったというか、成長を認めてあげられるようになったと思います。

**――昨年夏の関東大会を観たときに、駿台学園中のベンチの雰囲気が変わっていて、「西村先生、優しくなりましたか？」と聞いた覚えがあります。**

**西村**　はい、覚えています。それまでは、ミスをしたら怒られるような空気がありました。正直、生徒にとっては、監督は怖いだけの存在だったと思います。さまざまな精神的なプレッシャーを乗り越えたときに、本当の意味で強くなり、それが日本一につながると思っていたのですが、今になってみれば、そうではなかったと感じます。昨年の夏は「日本一」という目標に向かって頑張っていくなかで、目標が目的に変わるというか、人間的な成長を実感する場面が何度もありました。それまでは、目標のはるか先に目的があると思っていたのですが、じつはすごく近いところにあり、表裏一体の関係にある。私にとっては大きな気づきでした。

**――なぜ、生徒との接し方を変えようと思ったのですか。**

**西村**　コロナ禍がひとつのきっかけになっています。２０２０年には全国大会の中止を経験し、練習の頻度も減り、それもあってあまり細かいことにガミガミ言わなくなりました。結果的に、それが良かったと思います。練習ができない期間を味わったことで、「生徒と一緒に野球ができるだけで幸せ」という気持ちにもなりました。毎日会っていると、どうしてもいろんなことが気になって、視野が狭くなってしまいます。その瞬間に感じたことを、ついつい指摘してしまう。でも、そんなに毎日うるさいことを言わなくても、生徒たちは自分の力で成長していることも感じて、「彼らが力を発揮するためには、どんなふうに接すればいいか」と、考えるようになりました。成長を長い目で見られるようになったのが、一番の大きな変化かもしれません。

**――変な聞き方ですが、先生自身は、「生徒にとって怖い存在」という自覚はあったのですか。**

**西村**　ありましたね。ただし、今も優しくなったかというと、そうではありません。決して、「厳しさの反対が優しさ」とは思っていません。大事にするようになったのは、生徒への「愛情」です。特にミスをしたときやうまくいかなかったときに、愛情をかけて接していく。情けない姿を見せたときにこそ、愛情が大事だと実感するようになりました。愛情があると、いろんなことが許せるんですよね。「しょうがねぇな」と。我が子と同じ感覚です。

**――西村先生には、小さいお子さんが２人います。よく「子どもが産まれると、指導法が変わる」と聞きますが、実際はどうですか。**

**西村**　それはあります。息子にかけない言葉は、生徒にもかけたくありません。感情的になって厳しい言葉をかけたときに、「これを息子にも言うのかな」と……。言わないんですよね。言ってしまったときは、すごく反省します。

## 一瞬一瞬が自分の弱さとの戦い

**――駿台学園中は毎年、日本一を狙っていますが、中学時代に勝つことの意味をどのように考えていますか。**

**西村** シンプルに言えば、「勝つ子は勝つ」「勝っている子は勝ち運がある」。少年野球で勝っている子は、中学でも勝ちます。だから、中学で大きな舞台で勝つ経験をさせてあげることが、高校での勝ちにもつながると思っています。

**――それは、「勝ち方を知っている」とも言えるでしょうか。**

**西村** あると思います。大舞台に出ても、腹が据わっています。

**――勝つ選手と負ける選手の違いはどこにありますか。**

**西村** 日頃の小さい勝負に本気になって勝ちにいく選手は、大きい勝負でも勝てる可能性が高い。逆に、小さい勝負にも負けている選手は勝てません。ウォーミングアップのダッシュ1本や学校の定期テストなど、グラウンドでも学校でも毎日が勝負。生徒によく言っているのは、「一瞬一瞬が自分の弱さとの戦い」。中学生であっても大人であっても、楽なほうに逃げていきがちですが、どれだけ自分自身に厳しくなれるか。その弱さに向き合うことが、人間的な成長につながっていくと思います。今年のセンバツ甲子園で、卒業生の林謙吾が山梨学院のエースとして日本一を成し遂げてくれましたが、林はきついことにも前向きに頑張れる子でした。だから、周りの子も林のことを信頼している。それが、勝ち運につながっていたと思います。

**――良い話ですね。もし、弱さから逃げる生徒がいたら、どんなアドバイスを送りますか。**

**西村**　そこが、令和の難しいところですね。厳しい指導をして、「這い上がってこい！」が通用しない時代です。だからこそ今は、「勝負の場」を用意するようにしています。タイム走で設定タイムを切ること、シートバッティングで1対1の勝負に本気で挑むことなど、勝負に勝つことでの喜びや感動体験を少しでも増やしてあげたいと考えています。

**――日本一を獲るために、西村先生自身が指導者として大事にしていることはありますか。**

**西村**　「情熱×愛情×時間＝強さ」です。どれかひとつでも欠けていると、チームは強くなりません。その代によって、個々の能力の差はありますが、指導者の情熱や本気度は必ず生徒たちに伝わります。新チーム当初、チーム力が劣っていたとしても、練習をやり続けることで変わっていくことはいくらでもあります。毎年、日本一を目指し続けない限り、日本一にはなれないと思います。

**――その言葉通り、常に狙い続けていますね。**

**西村**　「時間」は、グラウンドだけでなく学校の中でも選手たちと一緒にいられるのが、部活動の強みです。私は監督でもあり教員なので、授業、クラス、行事を通して、成長をサポートしていきたい。それが、中学校の教員を目指した原点にもなっています。中学時代（江戸川区立小松川第三中）、クラス担任だった海川博文先生の影響が大きく、クラスも行事も部活も全力を注いでいる先生でした。海川先生は今、駿台学園高校の男子バレーボール部の監督として日本一のチームを作っています。

**――それもまたすごい縁ですよね。昨夏、西村先生自身が日本一を経験したからこそ感じたことはありますか。**

**西村**　これまで以上に、心の面を育てていかないと勝てないと、感じました。簡単に言えば、「人間的に大人であってほしい」ということです。たとえば、試合における状況判断は、グラウンドにいる選手たちにしかできないところもあります。自分で考えて、自分で判断する。私が細かいことを口うるさく言っていた頃は、指導者側で管理していました。それでは、いざというときに自分自身で判断できないんですよね。昨年の全中で、改めて感じたことでした。昨年は、途中からキャプテンを務めた駒橋優樹（横浜高1年）がよく引っ張ってくれて、私が言わなくても、選手たちだけでやるべきことをやり抜く力を持っていました。

**――毎年、優れたリーダー性を持ったキャプテンがいる印象がありますが、キャプテンに求めるのはどんなことでしょうか。**

**西村**　チームにとって、何が「正義」なのか、判断できることです。駒橋はそれに優れていました。私に対して、「どうしますか？」と聞いてくるのではなく、自分自身で考えたうえで、「こういう状況で、自分たちはこう考えているんですけど、これで良いですか？」という聞き方ができる選手でした。指導者の考えだけを優先するのではなく、チームの状況も見ながら、バランスを取っていました。なかなかできることではありません。林謙吾も、その判断ができるキャプテンでした。

**――林謙吾の名前が挙がりましたが、木津寿哉（國學院久我山高3年）、永田一心（仙台育英高3年）、湯浅桜翼（仙台育英高2年）ら、毎年のように強豪校で活躍する選手が出ています。中学時代の土台があるからこそだと思いますが、西村先生はどのように捉えていますか。**

**西村**　「何事も全力で取り組む」という習慣が付いているからだと思います。野球でも学校でも、100パーセントの力を出す。理想は120パーセントです。その土台がないと、高校での活躍は難しい。高校の指導者から、「駿台の子はとにかく頑張るよね」と言ってもらえたときが、一番嬉しいです。

**――ある高校の指導者が、「駿台の子は、やり抜くことができる。そのレベルがひとつ高い」と言っていました。**

**西村**　それは嬉しい言葉です。頑張るのは当たり前ですから。

**――高校の進学先を決めるときに、何か大事にしていることはありますか。**

**西村**　「ギリギリ頑張れば、試合に出られる学校」に進学できるのが理想です。頑張らないと出られない環境に身を置けば、自分で努力をしようと思いますから。

## 「5分間ゲーム」でチームの一体感を作る

**――駿台学園中から毎年感じるのは、チームとしての一体感です。目標に向かって、ひとつになって突き進んでいる印象があります。どのようにして一体感を作っていますか。**

**西村**　「自分のためじゃなくて、みんなのためにやっているんじゃないのか？」。毎日、この繰り返しです。ひたすら、問いかけています。うまくいかないときに態度に出たり、ふてくされたりするのは、自分のことしか考えていないから。野球は個人スポーツではなく集団スポーツで、ひとりの取り組みによって、チームメイトの人生が変わることもあるわけです。「みんなの人生を背負って、背番号を着けてほしい」という話はいつもするようにしています。

**――中学生にはなかなか重たい言葉ですね。**

**西村**　でも、その気持ちがないと一体感は生まれないと思います。一番怒るのは、自分のことしか

## 5分間ゲーム

動

考えず、仲間のために本気になっていないときです。昨夏の大会は、「人のために本気になる」がチームのテーマでした。

**――素晴らしいテーマですね。**

**西村** 私は正月になると、箱根駅伝を見ながら、テレビの前で泣いているんですけど、何でこんなに心が揺さぶられるかというと、1本の襷をつなごうと仲間のために走っているからだと思います。20キロ以上走り抜いて、もう体力的にも精神的にもきつい状態でありながら、襷を渡すときには、「頑張れ！」「頼んだぞ！」と声をかけている。自分のためだけに走っていたら、そこまでの力は出ないですよね。

**――日々の練習の中で、一体感を高めるために取り組んでいることはありますか。**

**西村** 特に効果を感じるのは、「5分間ゲーム」です。1回表と裏を5分以内に終わらせることで、速いテンポの野球に慣れる目的があります。

練習時間を見ながら、5イニング制や7イニング制にしています。テンポが速い中でもやるべきことをしっかりとやって、試合を作っていく。そのスピード感を体に染み込ませていけば、テンポを緩めることはいくらでもできます。

**——駿台学園中と戦うときは、そのスピード感に負けているチームも多いと感じます。表と裏を5分で終わらせるのはかなり難易度が高いと思うのですが、状況はどのように設定していますか。**

**西村**　0ストライクから始めると5分を切るのは難しいので、1ストライクや2ストライクから始めることが多いです。積極的にバットを振れない選手が多いときは、2ストライクからスタート。走者の状況も、そのときの課題を考えながら、臨機応変に考えています。また、東京都の場合、軟式野球連盟の主催試合では「1時間45分」という時間制限があるため、守備の時間をできるだけ短くして、攻撃の時間を増やしていく必要があります。アウトを取ったあとのボール回しはせず、すぐにピッチャーにボールを返して、リズムを作っていくようにしています。

**——この「5分間ゲーム」が、一体感にどう結びついていくのでしょうか。**

**西村**　「5分で終わらせる」というひとつの目標があると、キャッチャーの防具をチームメイトが一生懸命つけたり、ヘルメットやバットをすぐに手に取れるようにベンチを整備したり、ネクストバッターを全員で確認したり、みんなで助け合って、協力しようとする空気が生まれます（写真P26）。それが、「人のためにやる」という人間的な成長につながっていくと感じています。自分勝手なプレーや横着なプレーが増えてきたときに、あえて「5分間ゲーム」を入れることもあります。7イニング続けると、精神的にも体力的にも疲れてきますが、その中でもアウトカウントやランナーの位置を確認する声を出したり、周りに声をかけたり、やるべきことをやる。自分だけのことを考えていたら、「5分間ゲーム」は成立しません。

**——今日の取材で、「5分間ゲーム」を見させてもらいましたが、かなりスピーディーですよね。内野手がベンチに戻り切る前に、相手側のピッチャーがもうマウンドに上がっていました。**

**西村**　そのテンポに慣れるまでは、時間に追われるような感覚になると思います。これは、ボールに当たっても大けがが少ない軟球だからできることで、スピードをどんどん上げても、さほど怖さがありません。「怖さがない」というのは、上達していくうえで非常に大事な要素で、さまざまなプレーに積極的にチャレンジできる。軟式野球の利点はいろいろあると思いますが、「硬球に比べて怖さがない」ことが一番だと感じています。

**——2011年4月に駿台学園中の監督に就いてから、今年が13年目になります。最後に、中学生を指導する魅力を改めて教えてください。**

**西村**　体も技術も心も、この3年間で大きく変わっていくところです。その成長を間近で見られることが、一番のやりがいだと感じています。

## 勝谷大コーチの投手指導

### 体のバランスを整えるマット運動

ここからは、技術指導を受け持つ勝谷大コーチにバトンタッチ。修徳高のOBであり、大学卒業後は修徳学園中（現・修徳中）でコーチを務めた経験も持つ。2016年に、西村監督のオファーを受けて、駿台学園中のコーチに就いた。

昨夏の日本一の要因を聞くと、「間違いなく、投手陣の成長です」と即答。右の島田大翔（健大高崎高1年）、山崎弘睦（佼成学園高1年）、左の加藤優空（山梨学院高1年）と、130キロ近いストレートを投げ込むピッチャーを3枚擁し、継投を主に勝ち上がってきた。決して、新チーム当初から豊富な投手層を誇ったわけではなく、島田と山崎は2年生の冬を越えてから、一気に伸びてきたピッチャーである。

学校に向かったのは4月上旬の水曜日。駿台学園中は校庭が狭く、他部との共用のため、平日2～3日は柔道場や校内を使ったトレーニング、残りの2日は近隣のグラウンドを借りて、練習を行っている。勝谷コーチ曰く、このバランスが中学生の成長に合っているという。

「グラウンドでの野球だけになると、トレーニングの時間がなかなか取れません。トレーニングをすることで、体の強さに加えて、ピッチングやバッティングにつながる動きを作ることができます」

年間通して、柔道場で取り組んでいるのがマット運動である。前転、後転、開脚前転などオーソドッ

動

## マット運動

クスなものから、ハンドスプリング、倒立ブリッジなど難易度が高いものまで、さまざまな技にチャレンジしている（写真P30）。
　取材当日も、練習はマット運動から始まった。3年生のレギュラー陣はしなやかな動きで、難しい技を次々とこなしていた。マット運動の狙いはどこにあるのだろうか。
「自分の体を操作できるようになることが一番です。その土台がなければ、投げることや打つことの難しい動きはなかなか身に付いていきません。あと、中学生は身長が伸びる時期であり、骨が伸びることで筋肉が硬くなりやすい。マット運動をすることで、動きの中で柔軟性や連動性を養っていくことができます」
　さらに、身長が伸びるということは、体のバランスが変わることにもつながる。中学3年間で、20センチ以上伸びることも珍しいことではない。

「バランスが変われば、ピッチングフォームも変わってきます。バランスが崩れてしまうことも多い。そのときに、技術指導を無理に入れてしまうと、バランスが余計に崩れていき、ピッチングに悪影響を及ぼすことがあります。バランス感覚はとても繊細で、本人しかわからないところがあるものです。そのときに役立つのがマット運動で、全身を動かすことによって、自分に合ったバランスを見つけていくことができます」

動画で実際の動きを紹介しているので、ぜひ見てほしい。

取り組むうえでの注意点がひとつ。駿台学園中では、「マット運動をするのは、指導者が見ているときのみ」というルールを設けている。遊び半分で大技に挑戦して、ケガをしてしまう……という可能性もゼロではない。西村先生の言葉にもあるように、何事も本気で取り組む。

## 軸足で体をコントロールする

勝谷コーチが、本格的にピッチャーのトレーニングに力を入れ始めたのは、山梨学院高に進んだ林謙吾が3年生に上がった頃からである。それまでの駿台学園中は、打ちにくさを重視して、インステップにしたり、スライダーでかわしたりするタイプが目立っていたが、全中で勝ち切るまでは至らなかった。

転機になったのは、日体大の辻孟彦コーチに出会ったことだった。中日ドラゴンズでプレーした元プロ野球選手であり、2015年から母校・日体大の投手コーチに就くと、松本航（西武）、東妻勇輔（ロッテ）らをプロに送り出すなど、毎年のように好投手を育て上げている。縁あって、辻コーチから学ぶ機会を得て、そこに自分自身の考えを入れながら、ピッチャー育成ドリルを作り上げていった。

「辻さんに出会ってから、ピッチングに特化した動き作りの重要性を感じて、ピッチャーと野手でトレーニングを完全に分けるようになりました。一番大事にしているのが、軸足を使って、横向きのまま、キャッチャー方向に移動していく動きです。中学生に限らずだと思いますが、多くのピッチャーは前足の動きや、利き手のほうに意識が向きやすい。でも、辻さんに、『体重移動のときに地面に着いているのは軸足だけ。軸足しか意識することはできない』と教わり、とても納得しました」

日体大のピッチャードリルも、軸足にフォーカスを当てたものが多い。一方で、利き腕の動きはほとんど指摘しない。

「自分も、同じ考えです。利き腕は本人の感覚によるところが大きく、そこを直したことによって、投げる感覚がずれてしまうピッチャーもいます。下半身の動きが改善されることで、上の動きも直ってくることがあるので、細かいことは言わないようにしています」

腕の使い方は、個性のひとつ。あえて何も言わないことも、「指導」と言えるだろう。

「トレーニングに丁寧に取り組んでいれば、確実に動きは良くなってきます。それに、トレーニングをやることによって、修正能力が高まったように思います。パーツ別の動きが多いので、『軸足の動きが悪ければ、このメニューで感覚を取り戻そう』といった感じで〝戻れる場所〟を明確に作ることができています」

なお、ブルペンにはほとんど入らず、ボールを投げるのは実戦形式の練習や試合のときのみ。基

## ドリル1／スクワットジャンプ　動

本的な動きは、ピッチャートレーニングで作り上げていく。

### 〈基礎的トレーニング〉

**ドリル1　スクワットジャンプ両足・片足着地（10回×2セット）**

**■パワーポジションからの力発揮**

股関節、膝関節、足首関節の3点を曲げたパワーポジション（ヒザがつまさきより前に出ないように注意）の体勢から、足裏全体で地面を押し込み、真上に高くジャンプする。曲げていた関節をすべて伸ばし切る。着地の際には、スタート時のパワーポジションを改めて意識して、2～3秒しっかりと静止する（写真P33）。

動きの基本姿勢とも言える、パワーポジションからの力発揮を覚える狙いがある。真上に跳ぶ意識がありながらも、前方向に跳んでしまう選手は、ヒザがつまさきよりも前に出ていることが多い。

両足ジャンプ・両足着地で体の使い方を学んだあとは、両足ジャンプ・片足着地で負荷をかける。片足でピタッと止まるには、内転筋群や大殿筋など股関節周辺の筋肉を使うこと。この動きが、ピッチング時の踏み込み足の使い方につながっていく。ヒザで止まろうとすると、どうしてもぐらついてしまう。右投げのピッチャーで、左足着地でぐらつくのであれば、ピッチングの着地時にも同様のことが起きている。トレーニングによって、左右差を無くしていく。

## ドリル2　立ち幅跳び両足・片足着地（30メートル×2セット）

### ■前方向に力を変換する

真上に跳んだスクワットジャンプを、今度は前方向に変換していく。股関節、膝関節、足首関節を曲げ伸ばすエネルギーを使って、できるだけ遠くへ跳ぶ（写真P35）。

ポイントは着地姿勢にあり、パワーポジションを意識して、2〜3秒その場でしっかりと止まること。ピッチングの動作は、片足から片足の体重移動がメインになるが、まずは両足で自分の体重を受け止め、支えることが重要になる。

トレーニング1と同様に、両足ジャンプ・両足着地の次は、片足ジャンプ・片足着地。前方向に真っすぐ跳ぶのではなく、斜め前方向に跳ぶことで、着地時のバランス感覚を磨いていく。さらに、腰のあたりにチューブを巻き、パートナーがチューブを後方に引っ張ることによって、より負荷を上げる。勝谷コーチからは、「着地で3秒止まる！」という指示が飛んでいた（写真P36）。

## ドリル2／立ち幅跳び

動

動

## ドリル2／立ち幅跳び（片足ジャンプ・片足着地）

## 1年生は回数や距離で調整する

取材日の数日前に、1年生が本格的に練習に合流した。ピッチャー陣は、この日からトレーニングに参加。先輩たちから、体の動かし方を丁寧に教わる姿があった。

「4月の最初は、『よし、中学で頑張ろう！』と前向きなエネルギーを持っている時期です。このときに、専門的なトレーニングをどんどん入れていくことで、ピッチャーに対する意識がより高まっていくと考えています。先輩と一緒にやることで、先輩との差を感じるところもあるはずです」

上級生にとってみれば、トレーニングのやり方や意味を伝えることによって、「復習」の時間にもなる。人に伝えられてこそ、本当の意味で理解ができている、と言える。

体への負担を考えて、1年生の場合は回数や距離を上級生の半分に落としている。スクワットジャンプが10回×2セットであれば、1年生は5回×1セット。特にジャンプ系のメニューは、正しく行わなければ、ヒザや足首への負荷が強くなるため、「やりすぎ」には細心の注意を払う。

### 〈並進トレーニング〉

**ドリル1　メディシン横歩き（30メートル×2セット）**

**■軸足で体を移動させていく（写真P38）**

ここから、ピッチャーの専門的な動きに入る。重視するのが、並進運動である。足を上げた体勢

## ドリル1／メディシン横歩き

動

から、横向きのまま（右投手であれば三塁方向に胸を向ける）、キャッチャー方向へ真っすぐ移動する。ピッチングは並進運動＋回旋運動によって成り立ち、並進の強さと方向性があってこそ、回旋運動からの強く速い腕の振りにつながっていく。

まずは、両手で3キロのメディシンボールを持ち、ヒジを伸ばして、ボールを頭の上に掲げる。ここから、前方向（キャッチャー方向）に真っすぐ移動していく。並進運動の初歩の初歩とも言える動きになる。

「メディシンを持つことで、体幹を鍛えるとともに、体幹そのものを意識しやすくなります。ピッチャー陣に言っているのは、『みぞおちあたりから足が生えている感覚を持つ』。このほうが、足の付け根から使えるため、下半身が安定してきます」

そして、横方向でキャッチャー方向に移動す

## ドリル2／メディシンスリーステップ

動

る際の足の使い方が、大きなポイントになる。「軸足（右投げは右足／左投げは左足）で地面を押すことによって、キャッチャー方向に移動する。どうしても、前足の動きが目立つのでそこに目がいきがちですが、体を支え、コントロールできるのは軸足です」

このメディシンステップでは、ゆっくり丁寧に、一歩ずつ体を移動させていく。速く急いでやる必要はない。進行方向側の肩や胸が、キャッチャー方向に開かないように注意。

### ドリル2　メディシンスリーステップ（30メートル×2セット）

■片足立位の体勢から捕手方向にステップ

「メディシン横歩き」の発展型。ピッチング同様に前足を上げた片足立位の体勢から、軸足を使って地面を押し込み、キャッチャー方向に小さく3歩ステップする。3歩目で着地したところから、スタート時の片足立位の体勢を作り、数秒止まったあと、再び3歩ステップ。この動きを繰り返し、キャッチャー方向に真っすぐ30メートル進んでいく（写真P39）。

右投手の場合、力の方向性が右打者のほうにずれていくピッチャーは、インステップになりやすいという。原因の多くは、股関節ではなく、ヒザで体をコントロールしているため。ヒザに乗ると、体の前側（右投手の場合は三塁ベースの方向）に力が向きやすい。

「辻さんの考え方を学ぶ以前は、インステップのピッチャーが多くいましたが、軸足の動きを重点的にトレーニングすることによって、自然に減ってきました。軸足を正しく使えれば、さほど意識しなくても、キャッチャー方向に真っすぐ踏み出せるようになってきます」

インステップに悩むピッチャーは、踏み込む前足を修正するのではなく、軸足の使い方にフォーカスを当てていく。

## ドリル3　メディシン蹴り出し（30メートル×2セット）

### ■軸足で地面を押し込む（写真P41上）

さらに発展して、並進運動の局面を取り出したドリル。胸の前にメディシンボールをセットして、パワーポジションの体勢から、軸足で地面を押し込み、キャッチャー方向に移動する。着地後、前足ですぐに二塁方向に地面を蹴り戻し、軸足に体重を移し替える。再び、軸足で地面を押し込み、移動していく。この動きを繰り返す。

「動きの基点になるのは、あくまでも軸足です。試合が続いていくと、どうしても投げることに意

## ドリル3／メディシン蹴り出し

動

## ドリル4／ロングチューブサイドステップ

動

識がいき、胸がキャッチャーに向くのが早くなっていきがちです。そのときには、軸足から動くドリルを再度入れて、体の動かし方を調整していきます」

勝谷コーチが、「戻れる場所」と語っていたのは、こういうことである。パーツごとにメニューを組み立てているため、動きの改善・修正をはかりやすい。

**ドリル4　ロングチューブサイドステップ（30メートル×2セット）**

**■チューブの負荷に負けずに軸足で押し込む（写真P41下）**

腰のあたりにロングチューブを巻いた状態から、軸足の押し込みを使って、キャッチャー方向に真っすぐ移動していく。チューブで引っ張られる状況を作ることで、軸足で押し込む感覚をより意識しやすくなる。

ここまでのメニューとの違いは、目線をキャッチャー方向に向けていること。目線を向けると、前の肩が開き、胸がキャッチャー側に向きやすくなるが、この状態であっても横向きの体勢をキープしておく。

**〈回旋トレーニング〉**

**ドリル1　股関節開閉（左右20回ずつ）**

**■軸足を基点に股関節を開いて閉じる**

ここからは、回旋運動につながるトレーニング。並進運動が大事であるのは間違いないが、並進だけではボールを投げることはできない。踏み出した前足の股関節を基点にして、体を回旋させる動きが必要になる。そのために求められるのが、股関節の可動性を高めること。股関節の動きが悪ければ、回旋のスピードも上がってこない。

「辻さんに教わったメニューで、自分自身でも試してみましたが、股関節の動きを養うにはこれが一番わかりやすいです」と語るのが、二人一組での体操だ。パートナーが、もうひとりの選手のヒザの高さに手を置いて、股関節を基点に足を動かしながら、飛び越えていく。ただそれだけの動きだが、股関節周辺にじんわりとした熱がこもるのがわかる。普段あまり使っていない筋肉に、刺激を加えられている証と言えるだろう。

やり方は2種類。まずはパートナーの手を、前から後ろ、後ろから前に飛び越えていく（写真P44右上）。もうひとつは、股関節を開いて閉じる、閉じて開くの動きで飛び越えていく（写真P44左上）。地面に着いた軸足は動かさずに、股関節の開閉動作だけを使う。

ピッチングに直結するのが、後者の動きとなる。勝谷コーチからは、「閉じる動きを大切に」という指示が飛んだ。股を締める意識で、外から内に股関節を絞り込む。必然的に、内転筋群のトレーニングにもつながっていく。

## ドリル2　台乗せシャドウ（20回）

**■前足の股関節に乗り込む（写真P44下）**

## ドリル1／股関節開閉

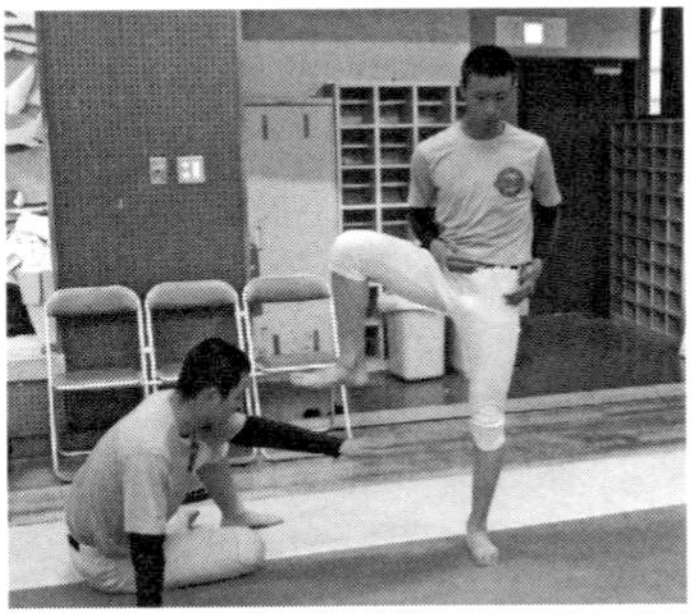

## ドリル1／股関節前後

## ドリル2／台乗せシャドウ

**ドリル3／チューブ回旋（軸足）**

**ドリル3／チューブ回旋（前足）**

ドリル1で身に付けた股関節の動きを、ピッチングに落とし込んでいく。後ろ足を30センチほどの高さがある台や階段の上に乗せた体勢から、ピッチングをイメージして、後ろ足の股関節に乗せた体重を前足の股関節に移し替えていく。台の上に乗せることで、前足の股関節に乗り込むイメージがよりわかりやすくなる。腕を振る意識は持たずに、後ろ足から前足への体重移動を意識する。

### ドリル3　ロングチューブ回旋（15回×2セット）

**■股関節の内旋動作を習得する**

ロングチューブを軸足の太ももに巻き、負荷をかけた状態から、回旋運動時の股関節の使い方を体に覚え込ませる（写真P45）。何もない状態よりも、チューブで圧をかけたほうが、軸足の股関節を内旋させて、股間を締める動きが意識しやすくなる。フィニッシュではぐらつかないように注意。

ロングチューブを前足にかけるバージョンもあり、前足の股関節を締める動きにフォーカスをあてやすい（写真P45）。自分自身の得手不得手を理解しながら、両方にバランスよく取り組んでいく。

## 並進運動の3分の1の地点で回旋開始

ピッチングの基本的な動きは、並進運動＋回旋運動によって成り立っていることはすでに説明したが、決してそれぞれの動きが独立しているわけではない。「並進運動が完了したあとに、次に回旋運動に移るわけではない」という意味である。

「並進運動が終わりかけたところで、回旋運動に移っていかなければ、腕を振るタイミングが遅れてしまうことになります。ピッチャー陣には、『並進運動の3分の1を過ぎた地点で、回旋運動に入っていいよ』という伝え方をしています」

たとえば、軸足から踏み出し足までの距離が150センチあるとする。頭が100センチのあたりを過ぎたところで、回旋運動に入っていく。もちろん、感覚的な話なので、「だいたいそのあたり」で構わない。

「並進運動が不十分なピッチャーには、『横向きの移動をもうちょっとだけ頑張ってみて』と、指導者が目安となる場所に立つこともあります。目標となるものがあったほうが、選手たちもわかりやすいと思います」

## 必ずシャドウピッチングを入れる

2、3年生を見ていると、各種トレーニングを行ったあとに自主的にシャドウピッチングを入れていた。全力ではなく、軽い力感で、並進運動や回旋運動を確認する。それを見ていた勝谷コーチが、1年生にアドバイスを送った。

「先輩たちのように、トレーニングのあとには、必ずシャドウピッチングをやること。今取り組んだ動きを、ピッチングフォームに落とし込んでいく。トレーニングをやって終わりではないからね」

試合で結果を出すことが最大の目的であって、ドリルだけがうまくなっても仕方がない。常に、自分自身のピッチングを意識しながら、トレーニングに取り組むことが重要になる。

## ダッシュ1本に全力を出す

ピッチャートレーニングを専門的に考えるようになったことで、短ダッシュに対する捉え方も変わってきたという。

「疲れている中で、何本も走らせるようなことはなくなりました。持久力を付ける狙いであればいいですが、ピッチャーに必要なのは瞬間的な出力を上げることです。少ない本数で構わないので、その1本に自分自身の全力を注ぐ。最大出力を上げていくことが、球速アップにもつながっていくと考えています。常に100パーセントを出すことをしなければ、土台となる出力が上がっていかず、試合の中でも中盤以降に力が落ちていきがちです。それに、走る本数が多いと、人間の本能として体力を残そうとして、力を抜きますよね。それでは、出力は上がっていきません」

仮に、塁間ダッシュ5本でヘトヘトになるのなら、そこまでの本数でオッケー。数を走るよりも、1本に全力を注ぐことのほうが重要になる。

## ピッチャーと野手のバランスを考える

軸足の力を使った並進運動を重要視する勝谷コーチ。気を付けなければいけないのが、野手の練習とのバランスだという。

「中学生の場合、ピッチャーと野手の両方をやるのが当たり前になっていますが、野手のスローイングは並進運動の時間が短く、回旋運動が主体になります。そのため、野手の練習がメインになると、ピッチャーに戻ったときに、軸足をうまく使えない状態になっていることがよくあります。ピッチャーと野手のバランスが、じつは結構難しい問題で……。たとえば、キャッチボールをやるときは、ピッチャーはピッチャーだけで組むようにしています。野手は足を上げてゆっくり投げることがないので、野手と組むと、リズムが崩れてしまうからです」

26ページで紹介した「5分間ゲーム」との付き合い方も、難しいという。

「どうしても、テンポを上げて、速いリズムで投げざるをえません。そうなると、無意識のうちに並進運動が短くなり、開きの早いフォームになっていきます。そのため、5分間ゲームのときは、基本的に野手がピッチャーをやるようにしています。ただ、本職のピッチャーを投げさせることもあって、狙いは投球のテンポを上げていくこと。フォームのことを考え過ぎて、腕が振れなくなるピッチャーもいるので、あえて速いテンポの中に放り込む。余計なことを考えない状況に入れることで、ピッチングが良くなっていくピッチャーもいます」

このあたりも、バランスが大事になっていく。

## 状態が悪いときの傾向を把握しておく

複数のピッチャーが育つようになったからこそ大事になるのが、試合での継投だ。「監督にとってもっとも難しいのは継投」と言われることもあるように、継投が当たり前になった令和の時代では、継投で勝つことがあれば、負けることもある。

最後に、再び西村先生に登場してもらい、本章を締めてもらう。

「その子の悪い状態のときの特徴を、指導者がわかっておくことが大事だと思います。たとえば、変化球でストライクを取れなかったり、ストレートがベルト付近に集まっていたり、必ず何らかの傾向があります。ブルペンで良くても、試合のマウンドに上がると変わることもあるので、実際は投げてみないとわかりません。あとは、表現は悪いですが、『ダメなときは、ほとんど復活しない。期待しすぎない』と考えています。まだ中学生ですから、試合中に修正していくのは難しい。昨年は、頼れるピッチャーが控えていたので、初回の打者2人で交代することもありました。そう考えると、3人いてくれたのは継投の面でも非常に意味があるものでした」

3人いるからこそ、迷いなく継投ができる。エースひとりだけでは、エースが崩れたときに試合が終わってしまう恐れがある。勝利の可能性を高めていくためにも、複数投手の育成が不可欠となる。

鹿児島・鹿児島育英館中

# 宮田由貴夫
コーチ

# 森永顕悟
監督

## 「体作り」「打撃強化」「チーム内競争」3つの柱で頂点に

2022年に全日本少年春季軟式野球大会で初の全国制覇を果たすと、今春の全日本も制して、史上初の連覇を成し遂げた鹿児島育英館中。2大会11試合で計59得点（タイブレークは除く）を挙げた強打を武器にする。監督の森永顕悟先生がチーム作りと投手指導、宮田由貴夫コーチが打撃指導を受け持ち、大谷正志先生が活気ある雰囲気を作り出している。

もりなが・けんご　1983年10月12日生まれ、鹿児島県鹿児島市出身。鹿児島育英館高～日体大。高校まで軟式野球部で、3年時に宮田コーチに出会う。日体大では硬式野球部に所属。卒業後、2010年から鹿児島育英館中の野球部の監督に就き、2017年に全中初出場を遂げる。

みやた・ゆきお　1966年6月28日生まれ、鹿児島県いちき串木野市出身。串木野高～日体大。大学卒業後、知的障害者施設でソフトボールを5年間指導、花咲徳栄高硬式野球部のコーチを6年間務めたあと、鹿児島に戻り、鹿児島育英館高軟式野球部のコーチを16年。2020年から鹿児島育英館中に就いた。学校では、女子寮の寮監を務める。

## 中学時代に身に付けてほしいのは「素直さ」

**――2017年に全中に初めて出場してから、7年連続で全国大会出場中。2022年春には悲願の日本一を達成し、今春には2連覇を果たしたことで、「どんな学校?」と注目を集めています。まずは学校の特徴を教えていただけますか。**

**森永**　学校法人日章学園が運営する私立中学になります。野球部とサッカー部の生徒が在籍する「体育コース」があり、W杯でも活躍した大迫勇也選手(ヴィッセル神戸)は、サッカー部のOBになります。

**――県外から進学する生徒も多いそうですね。**

**森永**　県外生を受け入れる態勢が整っていて、野球部は1学年10名ほどの部員がいますが、そのうち2割ぐらいが寮で生活しています。卒業生の多くは、隣接する姉妹校の鹿児島城西高校に進学。硬式野球部が2020年にセンバツ初出場を果たしましたが、多数のOBが活躍してくれました。中学で勝つことともに、高校で活躍できるための土台を作るため、心技体の指導に力を入れています。

**――2連覇を果たしたわけですが、中学時代に頂点を獲る意味はどのように感じていますか。**

**森永**　「場慣れ」が一番大きいと思います。高校で九州大会などの上部大会に進んだときに、中学で九州や全国を勝ち抜いた経験を持っていれば、気持ち的に少し余裕を持って臨めるのかなと。勝つことでしか得られない経験があるはずです。

**――高校に上がるまでの期間に、心の面で身に付けておいてほしいことはありますか。**

**森永**　「素直さ」ですね。毎年、強く思うことです。人の話をまずは聞き入れる素直さ。その心を持っている子は伸びます。私立を選ぶ子たちなので、ある程度は自信を持って入学してきます。思春期特有の頑固な一面もあり、なかなか周りの考えを受け入れられない子もいるのですが、「心のストッパーを外せば楽になるよ。意地を張るのも疲れるんじゃない？」とやんわり伝えています。

**――逆に、いろんな話を聞きすぎて、悩んでしまうことはないですか？**

**森永**　最初はそれでも良いと思っています。聞き入れて、試してみてから、自分に合うかどうかを判断する。聞き入れないと、選ぶこともできませんから。指導者側は、「壁にぶち当たってからが勝負」と思っているので、結果が出続けているときには特に何も言いません。選手も、自分のプレーがうまくできなくなったときに初めて、周りの意見を聞こうと思うものです。

**――どのタイミングで助言を送るかも重要ですね。**

**森永**　以前までは、「中学時代に身に付けてほしいのはメンタルの強さ」だと思っていたんですけど、あまり考えないようになりました。若い頃は、「メンタルが弱いから試合で打てないんだよ！」と厳しく言っていたのですが、簡単に言ってはいけない言葉だなと。指導者側の失言。メンタルを強くするには、成功体験を積んで、自信を付けていくしかない。そのために、指導者は丁寧に技術を指導していく。選手が自信を持てないのは、「指導者の指導力不足」と考えるようになりました。

## 「大人になるのは難しいから、お兄ちゃんになろう」

**――全国大会になると宿泊を伴います。この春は鹿児島を出発してから、2週間近く宿泊したそうですが、ホテルでの生活などは問題なく送れたのでしょうか。**

**森永**　鹿児島をフェリーで出発して、大阪で練習試合をしてから、開催地の静岡に入りました。大会が雨で延びた関係もあり、フェリーでの宿泊も含めると、14泊15日でした。

**――大人でもなかなか経験することがない長さですね。**

**森永**　そのおかげで、精神年齢が1～2歳上がったような気がします。普段の学校生活から「時間厳守」の大事さを伝えていますが、朝食や夕食の時間に遅れてくる生徒がひとりもおらず、すべてにおいて余裕を持って行動することができました。ホテルの部屋も、「できることは自分たちでやろう」と整理整頓を心がけさせ、何度かチェックをしましたが、乱れている部屋はありませんでした。正直、ここまでしっかりとした生活が送れるとは思っていませんでした。野球以外のところでイライラすることがなかったので、私も選手も気持ちよく野球に集中できたところがあります。

**――寮生がいることも大きいのでしょうか。**

**森永**　たしかにそれはあります。毎年、ちょっとした問題が出るのは通学生なのですが、今回は寮生を手本にしてくれたように思います。

**――よく言われることですが、生活面が整っていないと野球の結果も付いてこないものでしょうか。**

**森永**　特に、まだ精神的に幼い中学生はそれが大きいと思います。仙台育英の須江航先生の書籍（『仙

台育英　日本一からの招待』）を読ませていただきましたが、その中に、「年相応のふるまいでは足りず、実年齢よりも精神年齢が高い人間になってほしい。幼さや甘さが、人間的成長を止めてしまうことを、何度も目にしてきました」という記述があり、頷きながら読みました。うちの生徒に対しては、「大人になるのはまだ難しいから、お兄ちゃんになろうよ」とよく言っています。

**――中学生に適した良い表現ですね。**

**森永**　学校の中に部活があることで、こうしたことを指導しやすい一面があると思います。グラウンドだけで人間的な指導をするのには限界がありますから。提出物の期限を守ること、時間を守ること、身の回りの整理整頓を心がけることなどは、すべて社会に出たときに必要になることです。野球のプレーで雑な面が見える選手は、生活面でもルーズなところが見えがちです。

**――ちなみに、遠征の際、スマホの持参はOKでしょうか。公立中の場合はNGが多いようですが。**

**森永**　うちはOKにしていますが、21時には回収です。そこだけは、大人が管理しないと、夜遅くまでスマホをいじって、満足に睡眠時間が取れない生徒も出てきてしまいます。生徒のことは信頼していますが、それとこれはまた別なのかなと。あと、22時以降はホテルの部屋から出るのは禁止にしていました。就寝時間は特に決めていませんが、朝の様子を見ると、全員がしっかりと寝ていたと思います。遊びに来ているわけではないので、そこは彼らも十分にわかっていることでしょう。

**――スマホ問題は難しいところですね。仙台育英も甲子園のときには夜に回収していたと聞きました。コンディションを整えるために必要なことだと。**

**森永**　その気持ちは、私もわかります。

## 週2日のオフで体作り&ケガ防止

**――具体的な指導方法について聞かせてください。どんな指導が日本一につながったと感じていますか。**

**森永**　指導の柱としているのは、「体作り」「打撃強化」「チーム内競争」です。すべての基本は体作りにあり、強い体がなければ、打球は飛びませんし、高校でも活躍できません。中1の春から、放課後の練習の合間に約1合のおにぎりを食べ、土日も10時、15時のタイミングで補食のおにぎりを入れています。学食にお願いすると1個100円で作ってくれるため、非常にありがたいです。

**――放課後に補食を入れられるのは、私立の強みと言えますね。体重の目標値は定めていますか。**

**森永**　定期的に計測し、「身長－100＜体重」が目標です。先輩たちが、体重が増えることによって打球の飛距離が伸びることを証明してくれているので、後輩にも良い伝統として引き継がれています。ただ、中学生はまだ身長が伸びる時期なので、その子たちには体重のことはあまり言わずに、「今食べれば、もっと背が伸びるんじゃないか」という言い方をしています。背が伸びている間は、体重はなかなか増えていかないですからね。

**――体作りにつながると思いますが、休養日は週1回ですか？**

**森永**　いえ、うちはずっと週休2日制で、火曜と木曜は1年通して練習は休みです。

**――それは驚きです！**

**森永**　体育コースは、練習が授業に組み込まれていて、月曜と水曜は6時間目と7時間目が部活動の授業（15時～17時）で、金曜は5時間目から部活動（14時～17時）が始まります。火曜と木曜は勉強が7時間目までみっちり入っているので、練習をする時間が取れないのです。2010年から監督を務めていますが、当初は「これでは練習量が足りない」と焦りました。7時間目が終わったあとに少し練習を入れたこともあったのですが、ヒザや腰を痛める子が出てしまいました。そこから、週2日は完全休養。そのおかげだと思いますが、ケガ人が減り、体が大きくなる選手が増えました。

**――「部活動ガイドライン」を先取りしていたのですね。**

**森永**　結果的には、ですね。電車で1時間以上かけて通う生徒もいるので、朝練もやっていません。私立ということもあり、土日は1日活動ができますが、土曜日はなるべく練習にして、練習試合は日曜日。放課後の時間が短いので、土曜日に実戦練習でさまざまな確認をしたうえで翌日に試合をしたほうが、しっかり準備をして試合に臨むことができます。実戦練習や試合では、「チーム内競争」が見えるように、攻撃の結果を点数化して、「貢献度」を出していきます。主だったところでは、シングルヒット＝2点、二塁打＝3点、三塁打＝4点、本塁打＝5点、犠打＝2点、四死球＝1点。アウトになった場合は、走者なし＝マイナス1点、一塁＝マイナス2点、二塁＝マイナス3点、三塁＝マイナス4点。春先の最初の練習試合では、貢献度の高い順にスタメンで起用していく。こうして数字にすることで、どれだけ勝利に貢献できているか、「見える化」する狙いがあります。

**――結構、シビアですね。**

**森永**　たとえ、スタメンで出られなかったとしても、数字があると、「納得感」が生まれやすいように思います。保護者に対しても、スタメンで使う理由、ベンチスタートの理由をはっきりと示すことができる点でも、大きな意味があると感じています。

**――これは冬だけの取り組みですか？**

**森永**　公式戦でもやっています。1回戦×1、2回戦×2、3回戦×3、準決勝×4、決勝×5と、上に行くほど点数が上がるシステムです。公式戦になると、貢献度だけでスタメンを決めることはないですが、選手にとってはひとつのモチベーションになっていて、試合後に自分の点数を確認している子が多いですね。

## 冬のトレーニングは「地下足袋」で取り組む

**――連覇を果たした2022年、2023年ともに、主力選手は下半身周りの分厚さが際立っていました。相当なトレーニングを積んでいないと、あの体にはならないと思います。**

**森永**　12月の第2週から翌年の2月第2週までを「トレーニング期間」と位置付けて、体を鍛えています。学校からバスで15分のところに海があり、2年ほど前から砂浜でトレーニングをするようになりました。海の開放感のおかげか、グラウンドで練習するよりも、私も選手もすっきりと前向きな気持ちで取り組めています。走り込み、あざらし、四つ足歩行、ブリッジ、後ろガエル（写真P59）、相撲など自重のトレーニングに力を入れています。後ろガエルは、逆立ちの姿勢から肩周りの力で地面を押し込み、カエルのように〝ピョン〟と跳ねる動きで、一冬やり続けると投力が上がります。相撲は投げ技禁止で、四つに組み合ったところからスタート。ペアを代えて、20本～30本を一気にやるので結構ハードです。特徴的なのは、冬場は足袋を履いて、トレーニングをしていることで、グラウンドでキャッチボールやバッティングをするときも、足袋を履くようにしています。

## 後ろガエル　動

**――一時期、足袋が流行ったのですが、最近ではめっきり減った印象があります。やはり、やり続けると効果は高いでしょうか。**

**森永**　足の裏や指でしっかりと踏ん張る感覚を得るとともに、ヒザで衝撃を吸収できるようになってきます。衝撃を和らげるスパイクやアップシューズを履き慣れていると、ヒザではなく、ソールで吸収してしまう。靴の進化が、本来持っている足裏やヒザの機能をどんどん低下させる原因になっているように感じます。

**――足袋は、いわゆる「スポーツ足袋」でいいのでしょうか。**

**森永**　スポーツ足袋は意外にソールが厚いので、そうなるとあまり効果が得られません。鳶職人が履くような、ソールの薄い地下足袋を勧めています。

**――トレーニングでは結構、精神的に追い込むこともありますか。**

**森永**　冬場は特にそうですね。本数や量が増えるので、選手はきついと思いますが、トレーニングに取り組む意味は、「これだけ苦しいことを乗り越えてきた」という自信を作るところにもあります。この気持ちが生きるのが夏の大会です。県内では、「打倒・育英館」で挑んでくるチームが多く、毎年苦しい戦いを強いられます。球場全体がアウェイに感じることもあり、そこで気持ちで負けていたら勝負になりません。

**――まだ精神的な振れ幅が大きい中学生の場合、気持ちひとつでパフォーマンスが変わることもありますよね。**

**森永**　新チーム当初は、練習の最初に行う「集団走」に時間をかけて、足が揃わない場合には50周近く続けることもあります。2グループに分けて、ひたすら足と声を合わせていく。個の力が強い代は、どうしてもチームとしてのまとまりが乱れやすいものです。だからこそ、周りに気を遣い、周りの動きと合わせようとすることで、一体感を作っていく。私が集団走で見ているのは、足並みがずれた選手に、周りがどんな声をかけるか。「何でできないんだよ!」「ちゃんとやれよ!」と怒ったところで、何の解決にもならないので、いかにプラスの言葉をかけ合うことができるか。あえて、ストレスがかかった状態の中で、選手たちの関係性を見る。子どもには子どもの世界があるので、指導者はなるべく口出しせずに、毎年ギリギリまで我慢しています。

## M号を飛ばすには押し込む力が必要

**――そもそも体作りに力を入れようと思ったきっかけは、どこにあるのでしょうか。**

**森永**　一番は、バッティングの強化です。2018年の新チームから、B号からM号（約3グラム重い）に変わったときに、インパクトでボールを押し込む力がないと、打球が飛ばないと実感しました。そのためには体重とともにパワーが必要。全国大会に何度か出させてもらう中で、全国クラスの投手のストレートを打ち返せなければ、優勝することはできないとも感じていました。

**――実際に、バッティングはどのような指導をしているのでしょうか。**

**森永**　宮田コーチにほぼお任せしています。私の高校時代（鹿児島育英館高の軟式野球部）の恩師であり、当時から卓越した打撃理論を持っていました。私がお願いをする形で、２０２０年から中学野球部のスタッフに入ってもらっています。学校での練習は、９００グラムの木製バットでソフトボールを打ち込んでいます。８メートルほどの距離を取り、投げ手の前に「コの字型」のネットを置くことによって、正面から緩いボールを打てる工夫をしています（写真P62）。重たいバット、重たいボールを使うことで、押し込む感覚を養っていく。ピッチングマシンもありますが、投手とのタイミングを合わせるほうが試合につながるので、人が投げるボールを打つことを重視しています。

**――斜め45度からのティーはやらないですか？**

**森永**　冬場のロングティーで取り入れています。近隣のグラウンドが使えるときは、木製で硬球を打つこともあります。ほかに、８００グラムの細い鉄バットで、ソフトボールを遠くに飛ばす。また、昨年からは小学生のときに使う６００グラムほどの軽いバットも使うようになりました。重たいバットだけ振っていてもスイングスピードが上がってこないので、軽いバットを併用しています。

**――実戦の中ではどんな意識を持たせていますか。**

**森永**　これはぜひ、宮田コーチに詳しく聞いてください。「ストライクゾーンを上げて待つ」「低

## バッティング練習（コの字ネット）

めの変化球を見極める」「打球の方向を意識する」を重要視しています。全国大会を経験するたびに感じるのは、「レベルが上がるほど、低めの変化球の攻防が勝敗に関わる」ということです。ここを見極められるかどうか。そのためには、目付けを上げて、高めを狙う。

**――となると、少々のボール球でも高めは振ってもOKでしょうか。**

**森永**　OKです。バッターには、「高めをかぶせる準備をしておきなさい」と常に話しています。しっかりとかぶせることができれば、打球は飛んでいく。逆に、準備をしておかないと、高めの速い球を打つのは難しい。うちのバッテリーには、高めのストレートを意識的に使うように指導しています（写真P63）。高めに投げると1球でフライアウトになることも多く、投球数制限のルールを考えると、非常に意味のあるアウトになります。

## 意図的に高めを攻める

**――なるほど、納得です。「打球の方向」とは、どんな狙いでしょうか。**

**森永**　新チーム当初は引っ張り傾向が強いですが、春先にはセンター方向、夏は逆方向にも打てることを目指して取り組んでいます。必然的にミートポイントがホームベース側に近付いてくるので、なおさら、押し込む力が求められます。

**――バッティングにおいて、中学で軟式を打つメリットはどのように捉えていますか。**

**森永**　軟式はボールの中心をしっかりと捉えないと飛んでいかないので、芯でミートする技術が身に付くと思います。少しでも中心からずれると、フライやゴロになりやすい。うちで主力だった選手は、鹿児島城西高校でも活躍するケースが多いので、軟式からでも十分に通用すると感じています。

## 高めのストレートを叩ける準備をする

ここからは、森永先生が絶大な信頼を寄せる宮田コーチのバッティング理論を紹介したい。鹿児島・串木野高から日体大に進み、卒業後は埼玉・花咲徳栄高で6年間、硬式野球部のコーチを務めた実績を持つ。複数のプロ野球選手を送り出した稲垣人司氏のもとで野球理論を学んだことが、指導の礎になっている。地元に帰ってから、鹿児島育英館高軟式野球部のコーチを16年務め、2020年から鹿児島育英館中のコーチに就いた。

取材日は、近隣のグラウンドを借りて、午前中いっぱい打撃練習が行われた。中学生を教えるうえで大事にしているのは、どんなことか——。

「高めのストレートをしっかりと打ち返せるようになることです。最近の流行りなのか、軸足に体重を残したまま、後ろに反り返るように振るバッターがいます。下からアッパー軌道でバットが出てくる。低めの半速球を打つのであれば、この軌道でもいいですが、高めの速い球になるとどうしても差し込まれてしまう。チームとしてもストライクゾーンを上げて、低めの変化球を見極めることを大事にしているので、高めに対応できないバッターはなかなか結果が出にくい傾向にあります」

森永先生の話にもあったが、打席でまず考えることは「高めを叩ける準備をする」。高めに目付けをすることで、低めの変化球を見切ることにもつながる。

「まずは、高めを引っ張って、遠くに飛ばせるようになること。2年生の新チームの時期までは、引っ張ったファウルもOKで、飛ばせるポイントを体に覚え込ませていく。高めを打つには、ヘッドの角度が重要になり、流れの中でバットを寝かせる動きが必要です。高めに対応できるバッターは、この寝かせ方にうまさがあります（写真P66～67上）」

一方で、高めに対してスムーズにバットが出てこない打者は、ヘッドを立てたまま振り出してしまうという。このタイプは低めのほうが強い。打者を分析する側に立てば、振り出し時のヘッドの角度を見れば、高低のどちらに強いかが見えてくる。

「構え方に関して細かいことはあまり言いませんが、バットの角度を45度近くにしておいたほうが、立てることにも寝かせることにも対応しやすくなると思います」

当たり前のことではあるが、高めと低めではバットの出し方が違ってくる。ただし、こうした話を伝えたうえで、「選手それぞれの個性が出るのは構わない」という考えを持つ。

「お父さんが熱心に指導している家庭もあります。中学校に入ってきて、私が教えている打ち方にするのではなく、親子での取り組みも尊重してあげたい。だから、否定はしません。仮に、私の打ち方を9人揃えたら、同じタイプの投手に全員打ち取られる可能性もあるのがバッティングです」

個性を持った選手がいたほうが、9人のうち誰かはタイミングが合う場合もある。

## ドリル1　ウォーキングスイング＆速振り

### ■前足に体重を乗せてスイング

## 高めのバット軌道

## ドリル1／ウォーキングスイング

## 前足に乗ったフォロースルー

打撃練習のはじめに行っていたのがウォーキングスイング（写真P66〜67下）。歩くことで、後ろから前への体重移動がしやすくなり、後ろにそっくり返るスイングの改善につながる。

「振り終わりの形をよく見るようにしています。頭がどこの場所にあるか。意識としてはダウンスイングの割合を少し入れて、前足に乗った形で振り終わる。股間よりも、やや投手寄りに頭がある状態です（写真P68）。重たいものを押そうとするとき、誰でも本能的に前足に体重を乗せていきますよね。バッティングも同じで、後ろに体重が残りすぎるとボールの力に負けてしまう。どうしてもバットを振り上げてしまう選手には、フォロースルーで肩のところに収める意識を持たせると、体重が前に乗って、上から叩けるスイングに変わってきます」

さらに、ウォーキングスイングの途中でその場に立ち止まり、5回1セットの「速振り」を

## ドリル2／ロングティー（高め）

動

入れる。バッティング練習に向けて、体に速いスイングを覚え込ませる狙いがある。いわば、実打に向けたウォーミングアップと言える。

### ドリル2　ロングティー

#### ■高めを飛ばす打ち方を覚える

900グラムから1000グラムの木製バットで、ソフトボールをセンター方向に飛ばすロングティー。近隣のグラウンドを使用する際、3年生は硬球も使う。

「低めのトスを気持ちよく遠くに飛ばす選手がいますが、このスイングだけでは試合で結果は出にくい。低めが好きな選手は、低めの変化球にも高い確率で手が出ます。そうなるとなかなか打率が上がっていかないものです」

ロングティーは多くのチームで取り入れているメニューだが、鹿児島育英館中の特徴はあえて高めにトスを入れ、ヘッドを寝かせる技術を覚える（写真P69）。特に、低めをアッパー軌道で飛ばしている打者には高めに投げる。

## ■「絞り打ち」を習得する

ロングティーに取り組む選手に、宮田コーチから「絞り打ちをやってみて」と声が飛んだ。

初めて聞く言葉だが、どんな打ち方なのか？

「インパクトで両ヒジを締める意識で三角形を作ります。手首を早く返してしまうと、いわゆる〝こねる〟動きになって、ボールにドライブがかかりやすい。右打者は引っかけたサードゴロになる。インパクトに向けて、いかに真っすぐ腕を伸ばしていくか。ボールを捉えるまでは、下の手（右打者の左手）を伸ばし、捉えてからは上の手（右打者の右手）を飛ばしたい方向に伸ばすイメージです」

宮田コーチの見本が71ページの写真。ヒジを締めて、打球方向に手を伸ばしていく。実戦でも、この動きを意識できる選手は打球が飛びやすいという（写真P72）。

「バッティングは、インパクトの前後15センチぐらいの間で、どれだけヘッドをうまく抜けるかが勝負。手首をこねずに真っすぐ抜ければ、打球は飛んでいく。ただ、軟式だけ打っていると、ボールが軽い分、インパクトの強さがなかなか身に付きません。だからこそ、木製バットでソフトボールや硬球を打つ。ボールの重さに負けないために、バットを握る強さが養われていきます」

## 試合で結果を出すために重要な打球方向

「試合で結果を出すには、打球方向が重要」と宮田コーチ。特に、得点圏になると強く引っ張りた

## 絞り打ち

動

## 絞り打ち（実戦）

い意識が先行しやすいが、それだけでは上のレベルで結果は残せない。

「得点圏に進むほど、センター返しを意識させます。右打者が変化球に抜かれたらレフト方向、ストレートに差し込まれたらライト方向、タイミングがばっちり合えばセンターに飛ぶ。はじめからレフト方向を狙っていると、変化球で抜かれたときに対応できなくなります。中学生の場合、得点圏になれば、8~9割方はアウトコースを攻めてきます。変化球も増える。そこを引っ張ろうと思っていたら、なかなかうまく捉えることはできません。仮に、インコースにズドンとストレートがきたら、『ナイスピッチ！』とベンチに帰ってくればいいんです」

「すべての球は打てないと割り切る」のもバッティングだ。

さらに、右打者が2ストライクと追い込まれたときには、ショート頭上からライト方向にまで意識を広げるように助言することもあるという（左打者はセカンド頭上からレフト方向）。ミートポイントを体の近くに寄せる。

「右打者には、『最高のヒットは、ファースト後ろのポテンヒットだよ。投手にとっては打ち取った打球で、あれほどショックなヒットはないから』とよく言っています。バッティングの技術としても、ちょっとでもアッパーの要素が入ったスイングでストレートに差し込まれると、ファーストやセカンドへのフライになるだけです。ダウンの要素があるからこそ、ファーストの後ろに落ちるナイスバッティングです」

## インコースは回す、アウトコースは残す

では、アウトコースを的確に捉えるにはどんな技術が必要か。

「基本的な考え方として、右対右でアウトローにビシッと決められたら、さすがに打つのは難しい。少しでも真ん中に入ってきた球を確実に捉える。試合では、『右投手には右打者、左投手には左打者が頑張りなさい』という言い方をしています。中学生であれば、アウトコースを狙った球がシュート回転で中に入ってくることがあります」

一般的な考えとは、逆のように思えるが……。

「『左投手に対して右打者が頑張れ』と言うと、インコースの球を無理に引っ張ろうとして、バッティングが崩れやすい。そこはあえて言わないようにしています」

非常に興味深い考えである。

「そのうえで、体の回転角度と打球方向の話をします。ヘソが向いた方向に打球は飛んでいく。インコースを引っ張るときと、アウトコースを逆方向に打つときでは、ヘソの向きが違います。当然、インコースのほうが回転の角度が大きくなり、股がグッと締まり、打ち終わりでは後ろの踵がしっかりと上がっていきます。引っ張ろうとしているのに、体が回り切らなければ、手でこねる打ち方でゴロになりやすい。感覚的な表現になりますが、『インコースは回す、アウトコースは残す』。体が前に出されてしまうと、アウトコースを強く捉えることはできなくなります」

## アウトコースのミートポイントを覚える

「外を打つのは高い技術が必要。繰り返し打つことで、的確なポイントで捉える確率を上げていくしかありません」

目とボールとの距離が遠い分、どうしてもずれが起きやすいコースと言える。

「アウトローに合わせようとすると、ある程度は後ろの肩が下がっていきます。それでも、意識としてはアッパーではなく、ダウンの割合を入れておかないと、ストレートに力負けしてしまいます」

75ページの写真がアウトローを打つスイングになるが、ヒジの締まり方が違う。先に説明した絞り打ちとつながるところだ。

「ボールを捉えるまではバットと下の手を真っすぐ、捉えてからはバットと上の手を真っすぐにするイメージを持たせています」

実際、アウトコースを捉えるときには後ろのヒジが曲がっていることが多いが、その形を意識さ

## アウトローのポイント（イメージ）

せすぎると、ボールに差し込まれるケースが多いという。

「人間には反応するための時間が必要になります。ヒジを曲げたところで捉えようと思うと、反応時間がかかる分、さらに遅れてしまう。ヒジを伸ばしたところで打つイメージを持ったほうが、結果が出やすいと思います」

チームでもっとも打率が高い右打者の門松哲平にアウトコース打ちのコツを聞くと、「右足をしっかり使うこと」という言葉が返ってきた。

「右足が使えない（右ヒザが折れる）と、右肩が下がり、体が斜め上向きの状態でバットを振ってしまうのでポップフライになりやすい。右足を使って、ボールを打つ意識を持っています」

そばで聞いていた宮田コーチは、「意外によく考えているなぁ」と感心していた。

## ドリル3　反応打ち

## ■目で見たものに素早く反応

コの字型ネットを活用し、コース別の打ち分け練習を取り入れている。

「4球や5球連続で速い球を打つ、『反応打ち』がおすすめです。速い動きを入れていくことで、『目で見たものに、手（バット）を出していく』という反応のスピードが上がっていきます。技術的に必要なのは、トップからインパクトまでの距離です。連続でボールを打とうとすると、トップが小さくなる選手がいますが、そうなるとインパクトまでの距離が取れず、ボールを見極める時間がなくなり、ボール球にも手を出してしまう。『反応打ち』こそ、トップが大事になります」

タイミングの取り方が遅い選手も、連続でボールを打つことによって、振り出すための準備を早く取るようになるという。

## 同じ角度から打者を観察する

紅白戦でも試合でも、宮田コーチが見る場所はたいてい決まっている。一塁側（三塁側）ベンチの外野側に立ち、打者を観察する。

「バッターを正面から見たいんです。なるべく、直角の位置から見るようにしています。足のステップがいつもより広くなっていたり、ストレートに差し込まれていたり、変化球に泳がされていたり、タイミングのずれがよくわかります。選手自身でずれを修正できるのが理想ですが、中学生にそこまで求めるのはかなり難しい。1打席目に修正が必要だと感じた場合は、2打席目に向かう前に話をして、すぐにできる改善点を伝えます。たとえば、ストレートに差し込まれていたらバットを短く持ったり、ステップ幅を狭くしたり、足を上げていたのをすり足にしたり、無駄な動きを省いていく。とにかく、タイミングが合わないと打てませんから。バッターによっては、打球方向や狙い球まで、細かく伝えることもあります。狙いを明確にしたほうが、迷いなくバットを振れる。1打席目と同じように臨んでいたら、あっという間に試合が終わってしまう恐れがあります」

2ストライク後にノーステップに変えるチームもあるが、これには注意点があるという。

「どのバッターにも、自分が打ちやすいヒザの角度があります。ある程度突っ立っているほうがいいのか、どっしり構えているほうがいいのか。ノーステップにしたときに、普段の構えと比べて、ヒザの角度が深くなりすぎる（重心が低くなる）と、かえって打てなくなる原因になります。何でもかんでもノーステップにするのではなく、指導者が見極めてあげる必要があると思います」

一方で、タイミングが合っていると感じた打者には何も言わない。これは、練習のときも同じだ。

「調子が良くて、結果が出ているバッターに、『ここを直したらもっと良くなるだろう』とアドバイスをすると、だいたいうまくいかないものです。欲は出しすぎないほうがいい。それに、打っている選手にアドバイスをしても、本気では聞いていませんから。調子が落ちたときこそ、聞く耳を持つものです」

バットに対する助言を送ることもある。今、中学生の多くが使っているのがミズノから発売されている「ビヨンドマックスレガシー」であるが、これが合わない打者もいるという。

「レガシーはバットの先端のほうに重心がある関係か、バットのヘッドが遅れてきて、振り抜きが悪くなる選手がいます。捉えたと思ったボールが、ヘッドが出てこないことでファウルチップになる。

こういう場合はレガシーを短く持つことで修正したり、振り抜きやすいビヨンドマックスのギガキング02を勧めたりしています」

バットの芯でボールの中心を捉える技術は、それだけの繊細さが求められるということだ。

## 「先制攻撃」のための秘策は素振り

宮田コーチがかつて指導していた高校軟式は9イニング制だが、中学軟式は7イニング制。上位打者であっても、1試合3打席で終わることがある。

「初回からどうやって、相手の投手を攻略していくか。7イニングしかないので、仕掛けを早くしなければいけません。ファーストストライクの甘いストレートを強く振っていく。中学生の場合、ストレートでストライクを取ると、次はたいてい変化球。これを見逃すと、あっという間に2ストライク。だから、チャンスはファーストストライクにあります」

昨夏の県大会準決勝では、パンチ力のある1番打者に対して、前日から「初球、先頭打者ホームラン」を意識させ続け、実際にスタンドに放り込んだという。

「試合当日のアップから、初球のストレートを振るための準備をさせました。いろいろやってみた結果、中学生に一番良いのは試合前の素振りです。強く速い素振りで、第一打席の初球から振るための準備をしておく。あとは、キャッチボールのラスト30秒で、速い球をガンガン投げ合い、目を慣らしておく。高校生のように、朝にバッティング練習をしてから球場に来られればいいですが、中学生の場合は環境的に難しいですね」

昨秋の新チームから、「命中率」を高めるために試合前にトスバッティングを取り入れたが、効果を感じずに数試合でやめたという。

「トスになると強く振れないうえに、目の動きが遅いボールに合ってしまう。相手の投手に対応するまで時間がかかることを実感しました。かつては、バドミントンのシャトル打ちをやっていたのですが、これも試合前日にやるとタイミングが崩れやすい。シャトルはバッターの手元で失速するので、実際のボールとはスピード感が違ってくるんです。どうすれば、1巡目から一気に攻めることができるか。今もそれをずっと考えています」

練習で培った技術を、試合でいかに発揮するか。2連覇を果たしてもなお、高みを目指し続けている。

神奈川・相模原市立相陽中

# 内藤博洋 監督

## 『バッティングの絶対値』を上げる
## 日本一に挑む経験が人生の力になる

強豪ひしめく神奈川県相模原市において、ここ10年間で圧倒的な成績を収めているのが、相陽中の内藤博洋先生である。2014年に大沢中を率いて全中ベスト8に入ると、相陽中では2022年春に全日本ベスト4、夏には全中出場を果たした。中学生のやる気を高め、技術を伸ばすことに関して、屈指の指導力を持っている。

ないとう・こうよう　1981年12月7日生まれ、神奈川県津久井町（現・相模原市）出身。日大明誠高～日大。大学卒業後、相模原市の教員となり、新町中、小山中、大沢中、相陽中で監督を務める。神奈川大会を計5度（春2回、夏2回、秋1回）制し、全国大会には全中、全日本少年を合わせて4度出場している。

## 大会と同じ温度で練習に取り組む

相陽中のグラウンドはいつも活気に溢れている。その中心にいるのが、就任9年目を迎えた内藤博洋先生だ。今年の12月で42歳。若い頃からよく知っているが、野球に対する情熱はまったく変わっていない。

「まだ日本一にはなれていませんが、野球が日本一好きで、野球を日本一楽しんでいる指導者である自信はあります」

取材日は、同点で迎えた最終回、無死二塁からの送りバントに対する攻防が行われていた。はじめは、選手だけで練習を進めていたが、1球への緊張感が足りず、ネット裏で見ていた内藤先生がプレーを止めた。

「送りバントで1アウト三塁を作ったあと、セーフティエンドランで1点を取ってサヨナラ勝ち。攻撃側にとっては、勝つための練習なんだよ！　それが伝わってこない。ただの〝作業〟になっている。そんな練習は意味がない。けん制が入ったときの『バック！』の声を出しているのはコーチャーだけ。全員でワンプレーに関わるんじゃないの？　これじゃあ、負けるための練習だぞ！」

内藤先生の言葉によって、グラウンドの空気が一気に引き締まった。

日々の練習において、内藤先生が特に重視している考えがある。

大会と同じ温度でやる――。

「練習のグラウンドを、どれだけ大会の温度に近付けることができるか。そのギャップがありすぎるチームは、1回は勝てても、トーナメントを勝ち続けることはできません。理想は、選手たちだけでその温度を作ってほしいですが、中学生にそこまで求めるのは酷だと思っています。監督が熱量をもって、手本を見せて、それに選手がついてくる。監督が大会と同じ気持ちで臨んでいなければ、チームの温度も上がってきません。もし、選手のほうから、『監督は大会のつもりでやれているんですか？』と聞かれたときに、『おれはできていないな……』と思うことがあってはいけない。私の中では、今日も大会、明日も大会、明後日も大会です」

「練習のための練習ではなく、試合のための練習をやりなさい」という言葉をよく聞くが、その感覚に近いだろうか。

「緊張感や集中力が足りないときによく使うのが、『テイク2！』『テイク3！』です。『もう1回やり直し！』『ちゃんとやれよ！』と言うよりも、子どもたちの温度が上がるのがわかります。スイッチを入れ直す。うまくいかないときには、『テイク16！』ぐらいまでいくこともありますけどね」

## 尊敬する監督からもらった言葉が心の支えに

中学校の教員を志したのは、中学3年時まで遡る。

津久井町立串川中（現・相模原市立串川中）の野球部に所属していた内藤少年は、春の大会で内出中に0対13の完敗を喫した。当時、内出中の監督を務めていたのが、のちに上溝中を率いて夏の全日本少年（2005年）を制す水野澄雄先生で、部長が武内信治先生だった。武内先生はその後、監督となり、2年連続で全中出場を果たすことになる。

「当時の相模原市はレベルが高くて、武内先生、水野先生、そして大沢中を率いていた佐相眞澄先生（現・県相模原高監督）が引っ張っていました。まだ中学生だったんですけど、『自分が教員になって、3人の先生を倒したい！』と思ったことが、中学の指導者を目指すきっかけになっています」

山梨・日大明誠高から日大に進み、在学中は日大明誠高で学生コーチを務めた。卒業後、2004年から相模原市の教員となり、新町中に配属された。中学時代に思い描いていた物語がスタートした。

新町中でエースを務めていたのが、のちに巨人のエースとして活躍する菅野智之（当時3年生）だった。最初の挨拶で、「県大会優勝を目指そう」と言ったところ、菅野が「先生、ぼくたちは全国大会での優勝を目指しています」と真顔で返してきたことは、今でも忘れられないという。

新町中、小山中を経て、2007年から大沢中へ赴任。まだ部活動ガイドラインのない時代である。土日は1日練習が当たり前。100試合を超える練習試合を組み、生徒と一緒に熱く戦った。しかし、最初の2年間は、夏の相模原市大会で初戦敗退。そのとき、内出中から大野北中に移っていた武内先生にかけられた言葉が、心の支えになった。

「内藤、お前が頑張っているのはよくわかっているから。どこよりも練習して、どこよりも熱い想いを持ってやっている。絶対に腐るなよ。絶対に結果が出るから、腐らないでやり続けろ」

当時は27歳。涙を流しながら、武内先生の言葉を聞いたという。

武内先生がそう言ってくれるなら間違いない。とにかく信じてやり続ける。3年目に相模原市で優勝し、7年目には夏の県大会でベスト4進出。そして、就任8年目の2014年に初めて全中に出場し、ベスト8にまで勝ち進んだ。

座右の銘は、『信は力なり』。「生徒を信じ、自分自身を信じ、今までやってきた練習を信じる」。信じ続けた結果が、今の実績につながっている。

2015年に相陽中に移ってからは、2年目に春の県大会ベスト4、夏の県大会ベスト8に勝ち進むと、2021年夏から2022年夏まで3季連続で全国大会出場。2022年春の全日本少年ではベスト4入った。そして、この2022年には、中学生のときに対戦した水野澄雄先生が相陽中の校長に就く、ビッグサプライズもあった。中学3年時の出会いが人生を決め、大人になるまでその縁が続いている。

「中学校の教員を目指す道を拓いてくれた水野先生に、結果で恩返しをしたい。水野先生は監督で日本一になっているので、今度は校長で日本一。それは、私にしかできないことだと思っています」

内藤先生の情熱的なエネルギーに導かれ、選手の温度も上がっていく。目標は、常に日本一だ。

「高校野球に進んだとき、本当の強豪校ではない限り、日本一を目指すのは難しいと思います。でも、中学野球であれば、本気で取り組めば、公立であっても日本一になれる可能性がある。それが、部活動の面白いところです。日本一を目指す経験は、大人になってからはなかなかできるものではありません。そう考えると、ほとんどの人は、中学3年間の今しか目指すことができない。本気になって日本一に挑む経験をしたかどうかで、その後の生き方にも影響が出てくると思っています」

入学から3年夏まで考えると、実質2年半。今しかできないことに全力で打ち込む。

## 「ノルマ」ではなく「ミッション」

武内先生からもらった言葉が、内藤先生の心の支えになったように、言葉ひとつで、人の意欲や気持ちは変わる。やる気を失うことがあれば、モチベーションが高まることもある。

「たとえば、上司や管理職に何か頼まれたときに、『これ、お願いできるかな』と言われるよりも、『この仕事、内藤先生にしかできないと思うんだけど、やってもらえるかな』と言われたほうが、やる気スイッチが入るものです。神奈川県の中学校で、全中を優勝した学校はまだありません（＊持ち回り方式になった1984年以降、神奈川勢の優勝はない／横浜スタジアム開催時の1980年に横浜市立潮田中が優勝）。だから、『神奈川で全中を優勝できるのは、お前たち、相陽中しかいないぞ』と声をかけています。使う言葉ひとつにも、〝特別感〟を意識しています」

相陽中のネット裏には、『託された全国　託された日本一』の言葉が掲げられている。日本一を目標にしながら悔し涙を流してきた先輩たちの気持ちを表したものである（写真P87）。

「私は、『ミッション』という言葉が好きなんですけど、託された使命だと思えば頑張れるもの。これが、『義務』や『ノルマ』になるときついですよね」

水野先生を日本一の校長にすることも、内藤先生に託されたミッションである。

ミッションは難しければ難しいほど、努力や工夫が必要になる。全中で優勝するためには、相模原市大会、県大会、関東大会、全中と、15勝以上が求められる。その頂は高く険しい。

「うまくいかないことのほうが、圧倒的に多いかもしれません。それでもあきらめずに、目標に向かって前向きに、生き生きと取り組めるかどうか。取り組む姿勢を大切にしています」

　この日の練習でも、「ほら、生き生きとした表情でやろうぜ」と声をかける内藤先生の姿があった。

「苦しく厳しい練習が勝利につながると思っている指導者は多いかもしれませんが、楽しいことを日々積み重ねていったほうが、自ら野球に熱中していくはずです。その中で試合に負けたり、うまくいかなかったり、さまざまな悔しさを体験することによって成長していく。根底にあるのは、楽しさだと思います。わざわざ、苦しい気持ちを味わうために野球を始める子はいないですよね」

　この雰囲気を作るのは、指導者である。「野球が日本一好き」と自負する内藤先生が作るチームは、もちろん明るい。

## 「キャッチボール」ではなく「送球練習」

練習メニューひとつとっても、「言葉」に気を配る。

「うちには『キャッチボール』というメニューはなく、『送球練習』と呼んでいます。たまに、『送球練習は何のためにやっているの？』と選手に聞くと、『相手のランナーをアウトにするための練習です』。目的がわかっていなければ、キャッチボールそのものは意味がない練習になってしまいます。『送球練習』をしながら、相手のランナーがどこまでリアルに見えてくるか。そこまでイメージできれば、たいしたものです」

当たり前のように行う「ダッシュ」も、少し言葉を加えるだけで、目的意識が変わってくる。

「大会で盗塁を決めるために、『盗塁ダッシュ』をやるぞ！」

バッティングにおいても、「逆ロング！」（逆方向に長打を打つ）、「ゴイナー」（ゴロとライナーの間の打球）など、内藤先生発案の造語が多い。

遊び心と言えばいいのだろうか。中学生の心理を読みながら、やる気スイッチを押していく。

保護者のモチベーションを上げることにも力を入れていて、入学時には、「3年間、一緒に青春しましょう！」と熱い言葉をかける。

「我が子の頑張りをそばで一緒になって応援できるのは、中学生までだと思います。保護者にとっても、学生時代を思い出すかのような青春を一緒に送ってほしい。保護者のサポートがなければ、強いチームを作ることができません」

内藤先生は、保護者との会話も多い。そこで伝えるのは、期待値や成長具合だ。

「試合ではまだ結果が出ていなくても、練習の中で成長している選手はたくさんいます。それを監督の胸の内に閉じ込めていても仕方がないので、保護者の方に、『最近、良くなってきていますよ。今度、ピッチャーでデビューさせます！』と言うようにしています。勉強のように通知表がないので、監督の想いを言葉で伝えることが大事だと思います」

「息子さんのこと、期待していますよ！」という言葉を聞いて、嬉しい気持ちにならない保護者はいないだろう。

## 戦闘能力を上げて、天下一武道会に出場する

漠然と取り組みがちな日々の練習だが、その目的を2つに分けて考えている。これもまた、内藤先生らしい表現方法で解説してくれた。

「子どもたちには『ドラゴンボール』に例えながら、教えています。『天下一武道会』で勝つための練習と、そこに出るために戦闘能力を上げる練習がある。戦闘能力が備わっていないのに、いきなり『天下一武道会』に出ても勝負になりません。でも、戦闘能力ばかり高めようとしても、武道会で力を発揮できなければ負けてしまうことになります。これを、野球で考えると……」


【戦闘能力アップ練習】
1．筋力トレーニング

2．素振り、ティー
3．フリーバッティング
4．ノック

【天下一武道会練習】
1．一カ所バッティング
2．練習試合
3．ランナー付きバッティング

いわゆる、「実戦形式」のメニューが『天下一武道会練習』となる。大事なことは、中学生の頭に残るようにどう伝えるか。どれだけ良い話をしても、伝わっていなければ、意味がない。

「戦闘能力が備わっていないのに、あえて武道会に出すこともあります。自分の力のなさを感じやすい。足りないことを自覚すると、『バッティング練習をさせてください』『ノックを打ってください！』と選手たちから言ってくるようになります。そのほうが、子どもの思考をつなげてあげるのも、大事なことだと感じます」

天下一武道会で負けることも、成長には必要なこと。負けっぱなしで終わらずに、見つかった課題を練習で克服して、次戦の成果につなげていくことが重要になる。

## 理屈よりも先にバットを振る！

例年、上位から下位までどこからでも長打が飛び出る強力打線を作り上げてくる。どのような指導でバッティングを作り上げているのか――。

「世の中には数多くの理論が存在していますが、中学生期にまず必要なことは、理屈よりもまずバットを振ること、ボールを打つことだと思っています。私は、『バッティングの絶対値』と言っているのですが、土台となる絶対値を上げていかない限り、理論理屈を教えても、成長の幅が小さくなってしまいます」

技術的な指導ポイントは、大きく分けて次の４つ。ひとつずつ、解説していきたい。

### 1．正しいフォーム（軌道）で打つ

### ヒットゾーンを長く振る

「正しいフォーム」とは何か。指導者によって、考え方は変わってくるところだろう。

「ヒットになりやすい軌道でバットを出すこと。『ヒットゾーンを長く振りなさい』と伝えています。どれだけスイングスピードが速くても、ヒットになりにくい軌道で振っていたら、ヒットの確率は

## ヒットになりにくい軌道

## ヒットになりやすい軌道

動

下がります」

ならば、ヒットになりやすい軌道とは？

「中学校に上がってきた選手のほとんどが、肩と首の間からボールを叩くように、いわゆる『ダウンスイング』で振り下ろしてきます。これでは、投球の角度に対して、上から叩くことになり、ヘッドがボールに向いている時間が短い。ファウルチップやフライの確率が、どうしても上がってしまいます」（写真P92〜93上）

「上から叩け！」と教わる選手ほど、この傾向があるという。上から叩く〝意識〟や〝イメージ〟は必要だが、本当に上から叩いてしまうと、バットの芯でミートできる確率は必然的に下がる。

「ヒットゾーンを広くするには、肩口（肩関節）からバットを振り出して、ボールを捉える横の時間（ヒットゾーン）を長くして、フィニッシュを迎える。ヘッドがボールに向いている時間を長く取る。上から見たときに、バットの芯が『円』ではなく、『楕円』を描けているのが理想です」

内藤先生の手本（写真P92〜93下）を見ると、スイングの違いがよくわかる。肩口からヘッドを出すことで、バットの芯が横に長く振られている。

ダウンスイングの意識が強すぎる選手には、構えの段階で後ろ肩にヘッドを乗せた体勢を作り、ここからバットを振り抜く。

「グリップがヘソの近くまでに来たら、腕橈骨筋（前腕前面の外側の筋肉）を使ってバットを押し込み、ヘッドの先端を前に出していく。手首を返すように教えすぎると、手首をこねて、スイングが波を打ってしまう選手がいます。感覚的には、手首を返そうとすると手首が縦に返り、腕橈骨筋で押し込もうとすれば、並行に返る。縦に返ると、ボールとバットの接点がずれやすくなります」

それゆえに、「手首を返す」「リストターン」といった言葉はあえて使っていない。

## ボトムハンドが「マリオ」でトップハンドが「ルイージ」

「今の中学生は、『マリオカート世代』です。小さい頃、マリオカートでよく遊んできた世代なので、入学したばかりの1年生にはこんな説明をしています」

マリオカートとバッティングがどうつながるのか？

「構えたときの下の手（ボトムハンド）がマリオで、上の手（トップハンド）がルイージ。お兄ちゃんのマリオが先行してレースを作っていきながら、弟のルイージはその後ろにいる。常に横の関係で、これが上下の関係になるとレースのコースから外れるから注意。ルイージが上にいってもダメ（上から叩くダウンスイング）で、下にいってもダメ（振り上げるスイング）。レースは常に体の前側で行い、キャッチャー側でやるのもコースアウト（写真P97上）。横の関係で進みながら、最後にルイージが『スター』を使って追い越すことで、スイングスピードが速くなる」

「スター」は、スピードが一気にアップする最強のアイテムだ。マリオ（グリップ）がヘソのあたりまで近づいたところで、「スター」を発動させる。

こんなふうにバッティングを解説する指導者は、内藤先生ぐらいだろう。

「中学1年生に、難しい理論理屈を言っても伝わらないので」

いかに、中学生に伝わる言葉を選ぶか。このあたりの言語感覚が優れているからこそ、結果を残せている。

## バッティングは「手打ち」で構わない

内藤先生が教えるバッターは、バットを持った手がよく走る。肩の開きを止めて、手をパチンと走らせるタイプが多い。感覚的には、バットを振る動きにつられて、体が回るイメージだ。内藤先生から「下半身を使って打ちなさい！」という言葉を聞いたことがない。

「中学生を見ていて感じるのは、肩を開いてバットを出そうとするバッターが多いことです。この打ち方を『肩ターン』と呼んでいますが、肩を開くと、グリップが残ったままになるのでバットの振り出しが遅くなります（写真P97下）。下半身を回して打とうとするバッターにも、この傾向があります。肝心のバットが出てこない。そういう選手こそ、腕橈骨筋に力を入れて、手を先に走らせる『手打ちターン』の意識を持つと、バットが前に出てくるようになります」

相陽中にはチャンスのときに「お触りタイム」（保護者命名）と呼ばれる時間がある。「ここで1本！」という場面で、内藤先生は攻撃のタイムを取り、バッターを呼ぶ。このときに、「お前は、あれだけバットを振ってきたんだから、絶対に打てる！」と声をかけるだけでなく、腕橈骨筋を握る。握ることによって筋肉に刺激を入れ、反応速度を高める狙いがある。

「チャンスになるほど、肩に力が入りやすくなります。そうなると、肩ターンになり、バットが出てこない。『肩じゃなくて、手を出せ！』という想いを込めて、腕橈骨筋を握るようにしています」

## 体の前を振っていないスイング

## 肩から回る「肩ターン」

## 手首の柔軟性を養うことが正しいスイングにつながる

ヒットゾーンを長く振ろうとしても、スイングが波を打ったり、スムーズに振れないために前の脇を空けて、バットを振り上げたり、何らかのエラーが出てしまう選手もいる。その原因として考えられるのが、手首やヒジの柔軟性や可動域だ。

「振り出しでバットを寝かせようとしても、手首が硬い子はその動きを作ることができません。硬いために、前の脇を空けることで寝かせようとします。脇が空くと、どうしても力が逃げてしまいます。脇を空けて振る技術も必要ではありますが、ヒットゾーンを長く振ることを身に付けたうえでの引き出しのひとつだと考えています」

相陽中では、手首やヒジの可動範囲を広げるために、「バットトレーニング」を取り入れている。

### バットトレーニング1　手首でヒット軌道（写真P99）

■手首の可動域を広げる

両足を開いて、下半身の動きを止めた体勢から、手首を使って、体の前でバットを振る。肩の下から振り出し、フォロースルーも肩の下に収める。右から左、左から右、右から左のリズムを意識し、左右対称に振るイメージでヒットゾーンを長く取る。結果的に、地面と平行に振っていることになる。右から左に振るときには、左の脇が空かないように注意。マリオとルイージの話につながるが、最初にマリオが先行し、ヘソの近くまで来たところでルイージが追い越していく。

## バットトレーニング1／手首でヒット軌道

動

## バットトレーニング2　ヒジでヒット軌道

### ■ヒジの柔軟性を養う

手首の動きに、ヒジの動きを加えて、ヒジでヒット軌道を作る。①に比べると振り幅が大きくなるが、ここでも左右対称に、地面に対して平行にスイングすることを心がける。スイングに合わせて、左右の踵が多少上がるのは構わない。99ページの動画に、実際の動きを入れてあるので、ぜひ参考に。

## バットトレーニング3　トップからの軌道作り（写真P101）

### ■横の時間を長く作る

トップからフォロースルーでの一連の流れを、ゆっくりとした動作で確認していく。トップからの振り出しでは、バットと後ろ肩を意識的に当ててから、バットを寝かせる時間を長く作る。ボールを捉えたあとは、センター方向に両ヒジを真っすぐ伸ばしてから、肩口にフォロースルーを収める。振り出しから、ヒジを伸ばすまでの動きを何度も繰り返し、正しいバット軌道を覚えていく。

## バットトレーニング4　キャンプ打ち（写真P102）

### ■体を大きく使う

内藤先生が命名した「キャンプ打ち」で、気持ちよくバットを振る。

## バットトレーニング3／トップからの軌道作り

動

動

## バットトレーニング4／キャンプ打ち

「プロ野球の春季キャンプを報じたスポーツニュースで、『今日は中田翔選手（巨人）が30本の柵越えを放ちました』といった映像が流れるときがありますよね。ボールを遠くに飛ばすときは、体を大きく使って、気持ちよくバットを振っている。それを、相陽中では『キャンプ打ち』と名付けています。手打ちターンも大事ですが、そればっかりやっていると、スイングが小さくなる選手もいるので、いろんなスイングをすることが必要になってきます」

「キャンプ打ち」のポイントは、フィニッシュでの手の位置にある。片手でフォロースルーを取り、下の手（ボトムハンド）は斜め上へ、バットは軸足の後ろにゴツンと着く。フォロースルーの形を見るだけでも、遠くに飛ばしている力感が伝わってくる。

## トレーニング1　ソフトメディシンボール投げ（写真P104）

### ■前足の股関節に体重を乗せる

ヒット軌道から外れるもうひとつの大きな原因に、下半身の使い方がある。特にカギを握るのが、踏み込んだ前足の股関節の使い方だ。

「股関節の動きが硬い選手は、前足の股関節に体重を乗せ切れずに、伸び上がったり、外に体重を逃がしたりすることで、バットを振ります。土台がぶれてしまうので、スイング軌道がずれるだけでなく、力強く振れなくなります」

股関節の柔軟性に欠ける選手はいくらスイングを繰り返しても、動きが改善されるまでに時間がかかる。相陽中では動き作りとして、二人一組でのソフトメディシン投げを取り入れている。右打

## トレーニング1／ソフトメディシンボール投げ

動

者であれば、右の股関節に乗せた体重を、左の股関節に移し替えた勢いでボールを投げる。投げ終わりで、左の股関節に体重を乗せ切ることを意識する。

## 2．スイングスピードを上げる

### 「パンチ強打」と「ミート打」

ヒットになりやすいスイング軌道を身に付けるとともに、スイングスピードを上げていく。どれだけ、ヒットゾーンを長く振っていても、スイングスピードが遅ければ、速い球への対応は必然的に難しくなる。

「当たり前の話ですが、スイングスピードが130キロの選手は、120キロに調整して対応することができます。でも、MAXが120キロの選手は、130キロのスイングはできません。スイングスピードを上げることは、自分自身のバッティングの幅を広げることにつながっていきます」

常に130キロで振るのではなく、実戦で結果を残すには、「あえてスイングスピードを落とすことも必要であり、それも大事な技術」という考えを持つ。

では、どのようにスイングスピードを調整するか。この指導法が、いかにも内藤先生らしい。

「『パワプロ世代』（実況パワフルプロ野球）のときは、『A強打！』『B強打！』といった教え方をしていました。パワプロをやったことがある人はわかるんですが、Aボタンが強振で、Bボタンがミート打ち。ボタンひとつでスイングを使い分ける。実際のバッティングでもその感覚を持てる

## ドリル1／ミュージック素振り

動

ようになると、ヒットを打てる確率が上がってきます」

しかし今は、パワプロの話では伝わらない世代になった……。

「『パンチ強打！』と『ミート打！』という言い方にしています。ミートだけを意識させると、弱いスイングになるので、『ミート打！』。日頃から、さまざまな打ち方を体感させています」

### ドリル1 ミュージック素振り

### ■音楽のテンポに合わせてスイング

スイングスピードを高めるために大事にしているのが、音楽に合わせた素振りだ（写真P106）。

「黙々とやるよりも気持ちよくバットを振ることができます。知らない間に100回や200回、バットを振っています。ここでは、細かいフォームは気にせずにリズムに乗っていくことが大事。選手にいつも言っているのは、『いい顔で振ること！』です」

注意点はひとつ。ピッチャーをしっかりとイメージして、目線をピッチャーに向けること。素振りとなると下を向く中学生がいるが、地面からボールは出てこない。

相陽中では3つのテンポの曲を採用している。それぞれにリズムがあり、体の動かし方が変わってくる。「イチ、ニ、サン！」の掛け声で、曲のテンポにスイングを合わせていく。

『R.Y.U.S.E.I.』（三代目 J Soul Brothers from EXILE TRIBE）
テンポ＝120〜130／対応球速＝105キロ〜115キロ

「ランニングマン」の踊りが流行った『R.Y.U.S.E.I.』。内藤先生曰く、テンポ120〜130の曲で、体の動かし方としてはピッチャーが投げる105キロ〜115キロのボールにちょうど合っているとのこと。

『U.S.A.』（DA PUMP）
テンポ＝140〜150／対応球速＝115キロ〜123キロ

こちらも、社会現象になった一曲。テンポが速く、対応球速も上がる。

「『R.Y.U.S.E.I.』よりも軸足に乗る時間が短くなります。ひとつのリズムだけでバットを振っていると、その球速にしか対応できなくなるので、いろんなテンポ感での素振りが大事だと思います」

ほかにも、アップテンポな『EZ DO DANCE』（TRF）を流して、変則投手への対応を行

## ドリル2／腕立て伏せ

動

うこともある。紹介している動画は、今年2月に行われた川崎市中体連指導者講習会で、相陽中の選手たちが実演したときの映像だ。明るく前向きな表情で楽しそうに振っているのが、よくわかるはずだ。

「チーム独自のテンポ感があると思っています。その中で毎日練習していれば、心地の良いリズムが自然に生まれてきますが、それに慣れると、自分たちのテンポからずれたときに心地が悪くなってしまう。だからこそ、いろんなテンポに対応できるように練習することが大事だと思います」

**ドリル2　腕立て伏せ（写真P108）**

### ■毎日正しく丁寧に10回

トレーニングで重視しているのが、練習の最後に必ず行う腕立て伏せ。毎日10回、正しく丁寧に取り組む。両手・両足で10回できる選手は、両手・片足で負荷をかけていく。

「正しく行えば、着実に力が付いてきます。アゴが地面に着く寸前のところまで体を下げていき、肩甲骨や腕の力を使って、地面を押し込む。背中側から見たときに、両腕で『M字』を作るのが基本姿勢で、肩甲骨を寄せて、肩甲骨を開く。地面を押すプッシュアップの力は、スイングの強さにも関わってくるので、ライバル校の名前を挙げて、『この10回が、○○中のストレートを打ち返すことにつながるぞ！』と、やる気を高める声かけをするようにしています」

こうした言葉がけひとつとっても、やる気スイッチを入れることを怠らない。

## 3. ボールとバットのコンタクト能力を上げる

### 「目」に意識を持っていく

いわゆる、ミート力。バットの芯でボールの中心をどれだけ捉えられるか。

「選手たちに、『コンタクト力を高めるためには何が大切だと思う？』と聞くと、『ボールをよく見ることです！』という答えが返ってきます。『じゃあ、どこを意識すればいい？』『目です！』。これが、正解です。でも、打席の中で本当に意識をしているのか。あえて、自分の手で〝まぶた〟を触らせてから、バッティングをさせることもあります。目を触わるだけで、感覚が変わってきます」

ここに声を付け加えることで、より意識がしやすくなるという。

「インパクトのときに『目！』と言うだけで、眼球が開き、ボールを見る意識が生まれます。騙されたと思って、ぜひやってみてください！」

さらに、バットの芯で捉える意識を高めるために、打席に入る前に、自分の手で芯を触わるのもひとつの手。グリップから芯までの距離感を確認することにもつながる。

## 「Aゾーン」と「Bゾーン」という考え方

ボールをどこで捉えるか。「ヘソの前」「ヒジが伸びきったところ」など、さまざまな理論があるが、内藤先生の考えは「すべて正解」だ。

「ヒジが伸びて、打球がもっとも飛ぶナイスポイントをAゾーン、それよりもキャッチャー側のヒジを曲げて捉えるところをBゾーンに設定しています。『Aゾーンでパンチ強打いくよ！』など、ミートポイントと打ち方をさまざまな形で組み合わせて、バッティングの幅を広げるようにしています。理想は、AゾーンでもBゾーンでも打てるようにしておくこと。ひとつの打ち方しかできない選手は、同じタイプのピッチャーしか打てないことになります」

練習ではさまざまな打ち方に取り組んだうえで、試合では選手の良さを引き出す言葉をかける。

「『Aゾーンのパンチ強打』が合う子もいれば、『Bゾーンのミート打』のほうがボールを引き付けて、センター返しができる子もいます。自分の調子や、相手のピッチャーの力量によっても変わってくるので、どんな言葉をかければ一番良いバッティングができるのか日々探しています」

## タイミングの合わせ方は「あーーー、ドン！」

コンタクト能力を高めるには、ピッチャーとのタイミングを合わせることが必須。「最終的に一番大事なのはタイミング」とはよく聞く言葉だが、タイミングなくしてバッティングは語れない。

「ボールが放たれた空間上に、タイムマーキングをするように教えています。言葉の使い方はいろいろありますが、子どもたちが一番わかりやすいのが、『あーーー、ドン！』。リリースから、『あーーー』でタイミングを取り、『ドン！』でスイング。130キロのストレートなら、『あー、ドン！』で打ちにいく場合も出てくるでしょう」

特徴的なのが、バッティング練習のときに、ケージの後ろで待っている選手まで「あーーー、ドン！」の声を出していることだ。自分が打席にいないときでも、タイミングを合わせる感覚を体に染み込ませていく。

## 4．ナイスポイントの反復
### 理想の打ち方を体に染み込ませる

最後の4つ目が「ナイスポイントの反復」。バットの芯でボールを捉える感覚を、徹底した反復練習で体に染み込ませていく。内藤先生がおすすめするのが、「5連打」だ。8～10メートルの距離から、投げ手が5球連続でボールを投げ、バッターは連続で打つ。

「『あーー、ハイ！』でも、『あーー、ドン！』でも何でもいいので、意識するのはインパクトで声を出すこと。声を出すことで、力を入れるタイミングを覚えてほしい狙いがあります」

連続で打つことで、バットを振り出しやすいトップの位置が決まってくる。相陽中は、比較的浅

## トレーニング1／ウエイトスイング

いバッターが多い。

「グリップを構えた場所にそのまま置いておけば、ピッチャー方向に踏み込む動作によって、それだけでトップは完成します。自分からわざわざテイクバックを取ろうとして、トップが深くなりすぎて、バットが出てこない選手のほうがじつは多い。トップは浅くて構いません」

5連打では「3～4秒に1球」のテンポでボールを投げ込むが、普段のバッティング練習でも「5秒に1球」を基準に置く。限られた時間の中で打ち込む量を増やすには、「1球の間を詰めること」。1日であれば大した差は出ないが、1カ月、1年……となれば、大きな差になるのは間違いない。

### 腹斜筋で打つ！

ボールを捉えるインパクトに関して、大事なポイントがもうひとつ。

「腕橈骨筋に加えて、左右の腹斜筋にも力を入れる。

『腹筋で打て！』とアドバイスをすることもあります。ただ、その感覚はなかなかわかりにくいので、オノマトペを活用しています。インパクトで『ドン！』と声を出すのはそのためです。ほかにも、オノマトペにはいろいろな考え方があって、『ハッ！』と言うと力は逃げるけど、『フッ！』と声を出すと腹筋に力が入る。これも、選手それぞれの感覚があるので、いろいろと試しています」

**トレーニング1　ウエイトスイング**

## ■上と下のタイミングを合わせる

ネット裏に設置されているのが、スイング時の体の使い方を覚えるためのトレーニング器具。ロープの先端に5キロ程度の重りを乗せて、バットを振り出すのと同じ動作でこの重りを引き上げる（写真P112〜113）。700グラムほどのバットであれば、どんな形でも振れるが、5キロとなればそうはいかない。「肩ターンや、下半身から回そうとする選手は、重さに負けてしまいます。大事になるのが、腹斜筋に力を入れて、手を先に動かすこと。結果的に、後ろヒザと手の動きが同調してきます」

重たいものを引き上げようとすることで、下半身と上半身を動かすタイミングを掴みやすくなる。ここで、前足の股関節に乗せ切れない選手は、91ページで解説したとおりヒット軌道がずれやすい。前足が伸び上がらないように、股関節に体重を乗せていく。

## 数多くの引き出しを中学時代に身に付ける

前任の大沢中時代の教え子に、日大三高で活躍した八木達也という選手がいる。高校3年夏が終わったあと、「3年間、無事にやり切ることができました。中学時代に教わったバッティングのおかげです」と内藤先生の元に挨拶に来た。具体的に何が役立ったのか。その理由を聞いて、内藤先生は「教えていたことは間違いではなかった」と嬉しさを感じるとともに安堵したという。

「八木が言っていたのは、調子が悪くなったときに、『今日はBゾーンでいこう』『強打ではなくミート打に変えてみよう』と、自分から考えて修正できたことで、何とかコンスタントに結果を残すことができた、という話でした。まだまだ可能性のある中学時代こそ、いろいろな打ち方をやってみることが大事だと、八木のおかげで再確認できました」

そして、忘れてはならないのが、土台となるスイング量なくして、さまざまな技術は身に付いていかない、ということだ。バッティングで結果を残したければ、誰よりもバットを振ること。

「相陽中は、神奈川のどのチームよりもバットを振って、ボールを打っている自信はあります」

この自信が、大会での好結果につながっているのは間違いないだろう。

「相模原市の歴史を築いてきた先生方には、それぞれ特徴がありました。佐相先生のバッティング、武内先生のピッチャーを中心にした守備、水野先生の走塁。絶対的な武器を磨き上げて、強いチームを作り上げていました。私の場合は、バッティングです。『中学軟式野球は得点が入りにくい』『中学軟式出身の野手は、強豪高校で活躍しにくい』という話も聞きますが、軟式でもバッティングで勝負ができることを証明していきたいと思っています」

そして、「生意気な感じに思われるかもしれませんが……」と前置きしたうえで、指導者としての目標を語った。

「私は、身近に倒したい先生がいたからこそ、自分の指導力を高めることができました。本当に生意気ですけど、今度は自分自身が目標にされるような存在になれたらと思っています。『内藤先生を倒したい！』という熱い先生がどんどん出てくることで、私自身のエネルギーもさらに上がっていきます。それに、最近は中学校の教員を目指す若者が減ってきています。私が中学3年のときに思ったように、『部活動の顧問として、内藤先生に挑みたい！』と感じてもらえるような、魅力のあるチームを作ることで、教員を志す若者がひとりでも増えてほしいという願いを持っています」

2023年からは、相陽クラブ（中学軟式クラブ）を立ち上げ、他校の生徒でも加入できるチームを作った。野球の楽しさ、軟式野球の魅力を、多くの人に伝え広めていく。

秦野アンビシャス

# 野澤伸介先生

（秦野市立本町中／野球部顧問）

川口クラブ

# 武田尚大先生

（川口市立芝東中／野球部顧問）

## 地域それぞれの野球振興の形
## 「野球ができる環境を守ってあげたい」

**活動時間が年々減っている中学野球部。そんな状況の中、熱意のある教員が「生徒のために」と立ち上がり、新たな取り組みを始めた。軟式クラブ・秦野アンビシャスを創設した野澤伸介先生と、「野球人口増加プロジェクト」（強制坊主の禁止／保護者のお茶当番の廃止／サークルベースボールの普及）の発起人で、さまざまな改革を進める武田尚大先生を紹介したい。**

たけだ・まさひろ　1983年4月8日生まれ、埼玉県川口市出身。春日部共栄高～武蔵大。大学まで硬式野球部でプレー。卒業後、川口市立領家中、川口市立東中などに赴任し、2022年から母校でもある川口市立芝東中に戻ってきた。2009年から川口市で行っている「キューポラカップ」の主催者でもある。

のざわ・しんすけ　1978年7月4日生まれ、東京都大田区出身。東海大山形高～東海大。大学時代は準硬式野球部でプレー。秦野市立本町中を率いて、2013年春に神奈川大会優勝、全日本少年出場。2015年から秦野市立北中に移り、2022年夏の神奈川大会ベスト4。2023年から再び本町中に異動となった。

## 全員で秦野市の子どもを見る

**――野澤先生が中心になって、地域クラブチーム「秦野アンビシャス」を立ち上げたと聞きました。創設のきっかけから教えてください。**

**野澤**　2018年にスポーツ庁が策定した「部活動ガイドライン」によって、週2日の休みが推奨されることになりました。平日1日と土日どちらか1日。この方針を受けて、秦野市では土曜日は部活動、日曜日はクラブチーム（保護者等を代表者にしたクラブ活動）として練習を行う学校がいくつか出てきました。ただ、実際に活動してみると、日曜日に参加する選手の数が少なく、9人揃わないのが現状でした。また、学校によっては日曜日の活動が認められていないところもあり、周りからさまざまな声が上がるようになっていたのです。

**――同じ市内で練習ができる学校とできない学校があると、不公平さを感じる人は出てくるかもしれませんね。**

**野澤**　もうひとつは純粋に、「野球をもっとやりたい」と思っている子どもたちのための環境作りです。日曜日に部活動ができないこともあり、上のレベルを目指す選手ほど、硬式クラブを選ぶ流れができ始めました。そうなると、中学校の野球部自体の存続が危うくなり、野球人口の減少にもつながってしまいます。

**――家庭の環境なども考えると、全員が硬式クラブで野球ができるわけではないですよね。**

**野澤**　こうした背景もあり、「日曜日は部活動と完全に切り離して、野球をやりたい子をひとつに集めて、先生方みんなで秦野市の子どもたちの面倒を見ませんか？」と提案しました。これが2020年の話になります。このときはまだ日曜日に練習している学校もあったので、足並みを揃えるために、1年間の準備期間を設けました。秦野市の野球部として、土曜日は部活動、日曜日は新たに立ち上げるクラブで練習をする。すべての学校（市内8校）に同意を得たうえで、2021年の夏から「秦野アンビシャス」が立ち上がりました。能力の高い選手で結成する選抜チームではなく、「日頃の部活に加えて、日曜日にも野球がやりたい！」と思っている秦野市内の生徒であれば、誰でも参加することができます。

## 「審判部」を設け、審判技術の向上にも活用

**――実際にどのぐらいの生徒が加入しているのでしょうか。**

**野澤**　3学年揃ったときは40名近くになります。秦野市全体の部員数が120名ほどなので、約3分の1。各学校によっても差があり、数名のところもあれば、ほぼ全員が加入しているところもあります。そこは強制ではなく、生徒の意思を尊重しています。

**――スタッフは全員が秦野市内の先生になるのでしょうか。**

**野澤**　そうなります。指導に関わるスタッフは12名ほどで、週に1回顔を合わせることによって、さまざまな情報交換ができたり、実績のある先生の指導法を直接見て学べたり、多くのメリットがあると感じています。さらに、独自の取り組みとして、アンビシャスの中に「審判部」を設け、中

体連の県大会や関東大会でもジャッジした経験を持つ佐久間大幸先生（秦野市立鶴巻中）が中心となり、審判技術の向上に取り組んでいます。審判の視点から、野球を学べることもたくさんあり、その学びを生徒たちに還元できればと考えています。

**――秦野市の先生は、野澤先生を中心に非常に横のつながりが強いですよね。同じ考えを持った先生がいるからこそ、秦野アンビシャスのような取り組みができるものでしょうか。**

**野澤**　そう思います。同じ志を持った仲間がいなければ、何をやってもうまくいかないですよね。私だけでなく、先生方ひとりひとりが野球や部活動に対する熱い想いを持っています。アンビシャスを始めたことで、横のつながりがさらに強くなった実感があります。

**――野澤先生は2007年から「はだの招待中学生交流野球大会」を立ち上げ、今も継続して大会を開い**

**ています。この大会の存在も、横のつながりを作る意味では大きかったのではないでしょうか。**

**野澤**　すべてがつながっています。秦野招待で県外の熱い先生方と交流を持てるようになったことが、秦野市のレベルアップにもつながったのは間違いありません。

## 教員だけで組織を作ることは難しい

**――秦野アンビシャスの代表者は野澤先生になるのでしょうか。**

**野澤**　いいえ、代表は秦野市野球協会の理事長にお願いして、チームとしても秦野市野球協会に登録をして、学校の活動とは完全に切り離したものにしています。教員だけで組織を作ると、周りから部活動とクラブ活動の違いがわかりにくく（他の部活の生徒や地域の方からも）、「なぜ、野球部だけ活動が多いのか」「なぜ、野球部だけグラウンドをたくさん使っているのか」といった問い合わせに、学校側が回答しづらい一面があります。グラウンドに関しては、一般の開放手続きを行ったうえで、学校長に承諾を得て、使わせていただいています。

**――「部活とは違うもの」という観点が大事なのですね。ここ数年、土日の部活動を地域移行する話が本格的に進んでいますが、秦野アンビシャスはどのような立ち位置になるのでしょうか。**

**野澤**　そこは非常に難しい問題で、結論は出ていません。なぜなら、地域移行の受け皿となった場合、基本的には部活動ガイドラインに即した活動となり、土日どちらかを休む必要が出てくるからです。「野球をもっとやりたい」という子どもたちのために立ち上げたクラブなので、こうなると存在意義が薄れてしまいます。教員側も外部指導者としての登録はせず、今のところは、学校からも地域移行からも離れた取り組みにする予定です。ただ、地域移行や地域指導員に関しては、まだまだわからないところもあるので、さまざまな可能性を考えながら、進めていきたいと思います。

**――クラブチームになると必ず、運営費の問題が上がってきますが、月謝は取っていますか？**

**野澤**　県外遠征に行く場合には別途必要になりますが、基本は月1000円です（年間のスポーツ保険代800円も必須）。大会に参加するために新しく作ったユニホーム代に充てています。

**――ということは、先生方はボランティアになりますね。**

**野澤**　今のところは、指導に関することはすべて無償です。県外遠征に行ったときだけは、交通費としていくらかいただいています。活動は月4回（テスト期間や学校行事を除く）の日曜日になり、練習の場合は市内の学校グラウンドを借りています。ひとつの場所だけに偏ると、いつも時間がかかる選手が出てきてしまうので、なるべく練習会場を変えるようにして、交通手段はご家庭にお任せしています。

**――秦野市内もエリアが広いので、車での送迎が必要になることはやはりありますか。**

**野澤**　ご家庭で、「できる範囲での協力をお願いします」と伝えてあります。練習や試合も自由参加で、何か用事があれば、優先していただいても構いません。遠征時の移動手段にしても、アンビシャスでバスを用意はしますが、ご家庭での送迎も認めています。12月には1泊2日で、山梨で開催される「風林火山杯」に参加しています。このときも宿泊が難しい場合は、日帰りでの参加も認めていて、無理に強制することだけは絶対にないようにしています。

**――今の時代に合った対応と言えるかもしれませんね。**

**野澤**　これは、スタッフである教員側にも同じことが言えて、無理強いは一切せず、「日曜日に指導に来られる人はお願いします」というスタンスです。子育て世代になると、なかなか難しい場合もありますから。

## アンビシャス設立後、新入部員数が増える

**――野球部員数を増やしていくためには、少年野球との連携も必須になると思いますが、秦野市の少年野球とはどのように関わっていますか。**

**野澤**　12月が終わると、少年野球の子どもたちが中学野球の体験練習に参加し始めます。中学校のほうにも来てくれるのですが、人数が少ないうえに、部活動ガイドラインで日曜日が活動できないのを知ると、硬式クラブを選ぶ子が多く……。アンビシャスを立ち上げてからは、学校ではなく、アンビシャスの練習に参加してもらうようにしています。これは、秦野市少年野球の理事会で、私たちの取り組みをプレゼンし、理事の方にも認めていただきました。

**――組織同士の連携がうまくいっている証ですね。**

**野澤**　小学6年生はバランス感覚を養うパルクールで遊びながら体を動かしたり、中学生と一緒にベースボール5で対決をしたり、楽しみながら運動経験を増やしています。実際に、中学入学前から参加している子どもたちも多く、「4月からはそれぞれの学校で頑張ろう。日曜日にはアンビシャスでまた待っているからね」と伝えています。少年野球ではバッテリーを組んでいた友達が、学区の関係で別々の中学校に行くこともあるのですが、アンビシャスに入ることでまたバッテリーを組め

たケースもあります。

**――こうした取り組みは、新入部員の人数にも表れているのでしょうか。**

**野澤**　２０２１年度の新入部員が市内8校で32名でしたが、２０２２年度は43名、２０２３年度は42名でした。わずかでも増えていることは嬉しいことです。少年野球経験者だけでなく、中学から野球を始める子どもたちも増えている実感があります。ただ、アンビシャスの活動の成果はこれから数年見てみないとわからないと思っています。すぐに、効果が出るものでもないですから。

**――埼玉県川口市では、武田尚大先生が中心となり、さまざまな野球振興活動をしています。野澤先生も深い交流を持っていますが、刺激になるところもあるのではないでしょうか。**

**野澤**　もう、本当にすごいですね。じつは昨年、『埼玉ｂａｓｅｂａｌｌフェスタｉｎ川口』を秦野市のスタッフと一緒に見学してきました。ものすごく感動しました。中学生が運営のほとんどを担っていて、中学生の成長の場にもつながっていました。秦野市でも２０２３年の12月9日に、初めての『ベースボールフェスタ』を開催する予定でいます。最初から川口のようにはいかないかもしれませんが、秦野市ならではの特徴を出していければと思っています。

## 野球を覚えるためにプレーを得点化

**――秦野アンビシャスは、大会で勝つことはどれほど重視していますか。**

**野澤**　大きな目標は、全日本少年春季軟式野球大会の予選（９月）と、東日本少年軟式野球大会の県予選（６月）を勝ち抜くことです。春先には、独自に定めたルールで紅白戦をしています。アンビシャスを3チームに分けて、全員が出場できる環境で1試合50分の総当たり戦。投手は「2ストライクまでストレートのみで、追い込んだら変化球もOK」、打者は「ストライクを見逃したらアウト」という設定です。投手はストライクゾーンの中で強い球で勝負すること、打者はストライクを積極的に振ることを身に付ける狙いがあります。さらに、ひとつひとつのプレーに点数を付け、この得点をもとにレギュラーを決めるようにしています。週1回の活動の中で、練習試合のスタメンを決めるのはなかなか難しく、子どもたちにとっても納得感を得にくい……。それを少しでもなくすために、個人の得点を付けるようにしています。

**【個人の得点例】**

**「+1点」になるもの**

打撃① 出塁したら、ひとつの塁ごとに1点（三塁打なら3点）
② 無死、一死二塁以上の場面でアウトを与えても、走者を進めることができたとき
③ 打点が付いたら1点（エラーは除く）

走塁① アウトを与えずに、自らの力で進塁したとき（エラーは除く）
② 判断が良く、好走塁を見せたとき（コーチャーの判断が良いときはコーチャーにも加点）

投手① 判断の良いプレーがあったとき

守備① 先を見越したプレーを見せたとき
② ポジショニングが良く、好守備を見せたとき

③ 打球以外で走者をアウトにしたとき

**「-1点」になるもの**

打撃① 見逃しアウト

② 無死、一死二塁以上の場面で走者を進められずにアウトになったとき

③ 通常の三振をしたとき

走塁① 打球以外でアウトになったとき

② 判断ミスでアウトになったとき（コーチャーの判断が悪いときはコーチャーも減点）

投手① 安打、エラー以外で出塁されたとき（四死球など）

② 投球時以外でアウトを取れずに進塁されたとき

守備① エラーが記録されたとき

## 目標に応じて2チームを編成

**――得点表を見ると、かなり細かく設定されていますね。**

**野澤**　野球の本質を理解したうえで、試合の戦い方を覚えてほしい、ということです。シンプルに言えば、無死、あるいは一死三塁の状況をいかに作り出せるか。あとは、紅白戦で各選手のプレーを見ることで、バントが得意な選手、盗塁が得意な選手、守りが得意な選手といった特徴がわかってきます。練習試合や公式戦では、力を出せる可能性が高いところで起用できれば、それが結果として現れたときに自信につながっていくと思っています。

**――さまざまな学校の選手がいるだけに、プレーを見ることがより大事になってきそうですね。**

**野澤**　その一方で、勝つことにはそこまでこだわらず、野球を楽しくやりたいと思っている子や中学から野球を始めた子もいるので、本人の目標に応じて「アスリートチーム」と「基礎練習チーム」の2チームに分けて、練習をすることもあります。初めてボールを握るような選手には、「キレダス」（投球動作を改善するための野球ギア）などのアイテムを活用して、正しい動きが自然に身に付くようなアプローチをしています。初心者に対する指導に優れている柳田哲朗先生（秦野市立本町中）が中心となって、さまざまな練習法を考えてくれています。理想は、全員が同じ練習をするよりも、子どもたちのニーズに合わせて、できるかぎり細分化していくこと。ここでも、「無理はしない」という指導方針を大切にしています。

**――本気で勝利を目指すことが成長につながる……という考えもありますが、どのように考えていますか。**

**野澤**　難しいところですが、中学生にはまだそこまで求めなくてもいいのかなと思います。中学で野球に対する気持ちが高まって、高校で本気の勝負をしてくれたら、それは嬉しいですね。特に、中学から野球を始めた子にとっては、いきなりハードルを上げるとお互いに苦しくなってしまう。これは、私自身の反省もあって、かつては「勝ちを目指すことが何より大事」と思っていました。正直、引き出しがなさすぎました。一番申し訳なく思うのは、大会で結果が出た次の世代の子たちへの指導です。「先輩がここまでできたのだから、この子たちもできる」と、私が勝手にハードルを上げていました。でも、そこまで気持ちや意識が上がっていない子もいたはずです。無理強いさせてしまっていたと、今も悔いています。

## 部活動は生徒にとって大切な「居場所」

**——部活動に関して、土日の地域移行に段階的に取り組み、将来的には平日も地域に移行する話が出てきています。教員がまったく関わらなくなることはなさそうですが、中学校に部活動がある意義をどのように捉えていますか。**

**野澤** 一番は、「居場所」だと思います。今、中学校では不登校の問題が非常に増えているのですが、学校には来られないけど、部活動には来ている生徒もいます。一般的に考えれば、「それはどうなの?」という話になりますが、部活動によって自分の居場所を見つけられ、それがきっかけになり、登校できるようになる生徒もいるのです。アンビシャスにも、学校は休みがちだけど、日曜日の練習を楽しみにしている選手が何人かいます。

**——まさに「居場所」ですね。**

**野澤** 個人差はありますが、不登校の改善につながるのは、人間関係によって安心できる居場所が作られることにあります。人との関わりをいかに作っていくか。好きな野球が、人と関わるきっかけになる子もいるのです。また、コロナ禍によって、中学校の行事が中止になったり、縮小したりしたことで、正直、子どもたちのエネルギーが小さくなっていることを感じます。目標を達成するために一生懸命に何かを積み上げたり、目標を成し遂げることで自信を得たりする経験が少ないのが今の中学生世代です。部活動を通して、子どもたちの心にもう一度、火を点けてあげたいという気持ちがあります。

**――野澤先生は教員であり、野球部の指導者でもありますが、野球の魅力はどのように考えていますか。**

**野澤**　自分ひとりのプレーで勝つこともあれば、自分ひとりのプレーで負けることもある。でも、自分のミスを仲間がカバーしてくれることもある。「責任感」を自覚しやすいスポーツのように感じます。責任感が芽生えてくれれば、その場所にいる存在意義や存在価値がわかるようにもなり、「ここで、みんなのためにも頑張ろう」という考えが生まれやすい。自分が頑張ることはもちろん大事ですけど、ときには自分を犠牲にして周りに合わせることも大事。社会に出たときに、必ず役に立つことですよね。部活動とアンビシャスが、子どもたちにとって安心できる居場所になれるように、秦野市でできる活動を続けていきたいと思います。

## 3つの改革から始まった「野球人口増加プロジェクト」

**――2015年の冬に「野球人口増加プロジェクト」を始めてから、8年が経ちました。手応えはどのように感じていますか。**

**武田**　もう8年ですか。人数だけを見れば、何とか踏ん張っているという感じです。ものすごく増えたとは思っていません。コロナ禍で部活動に制限がかかったことが非常に大きく、ここ2年は新入部員数が減っていました。2023年度に盛り返していますが、WBC効果も大きいと思います。

**――新入部員数の推移（表P131）を見るとプロジェクトを本格的に始めた2017年から毎年少しずつ増えていましたが、2021年、2022年と減少。たしかに、コロナの影響を感じます。川口市の特徴としては、新入部員のうち、小学校のときに野球をやっていなかった未経験者の割合が多いことです。今年度は175人（市内26校）のうち、55人が未経験者。割合で調べてみると、毎年25パーセント前後の未経験者がいて、女子部員数も増えています。**

**武田**　中学から野球を始めてくれる子がいるのは、とても嬉しいことです。ただ、野球に関わる大人として心から喜べるかというと、決してそうではありません。もう少し早い段階で、野球に触れられる機会があれば、小学校から野球を始めるチャンスもあったと思います。本当はやりたい気持ちがあったけど、保護者の当番や送迎等の問題で、チームに入れなかったのかもしれません。中学

**川口市中体連　新入部員推移**

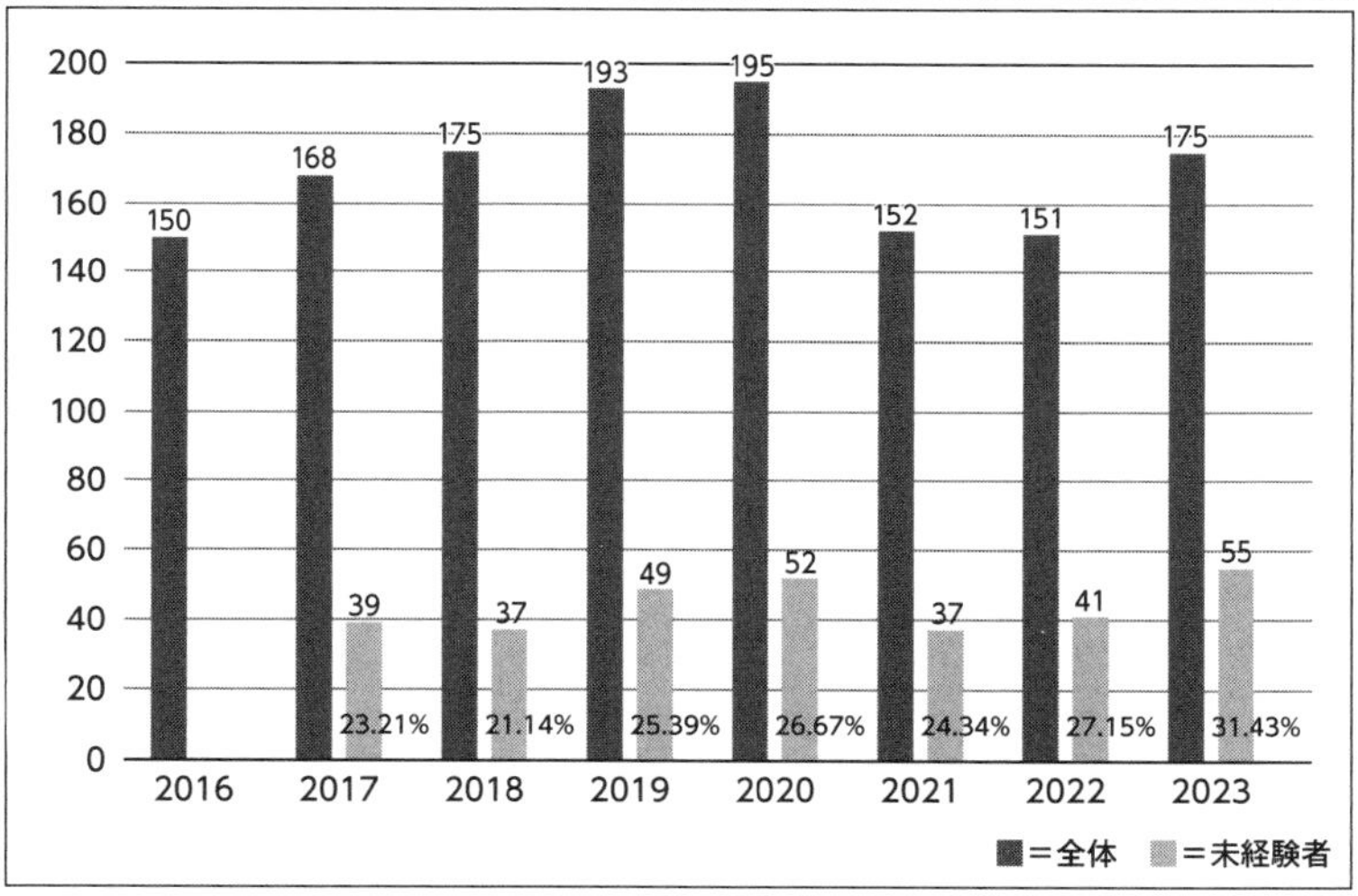


で未経験者の育成に力を入れていますが、経験値の差はすぐに埋まるものではなく、全国を狙う強豪校と、未経験者が多い学校が1回戦で当たると、かなりの得点差が開くことがあります。部員数が増えたからといって、さまざまな野球界の問題が解決するわけではないと思っています。

**――たしかに、二極化が進んでいる印象があります。それでも、部員数が大きく減っていないのは、川口市のさまざまな取り組みの成果であることは間違いないと思います。初めて知る方も多いと思うので、改めて、「野球人口増加プロジェクト」について教えてください。**

**武田**　２０１０年を過ぎた頃から、川口市中体連の野球部員数が少しずつ減っていく現状を目の当たりにして、若い先生を中心に大きな危機感を持っていました。このままではいけないと思い、２０１５年の冬に立ち上げたのが、「野球人口増加プロジェクト」になります。そして、翌年の2016年度の新入部員数が前年から42人も減った(192人から150人)ことを受け、危機感がさらに広がっていきました。

**――数字に如実に表れたわけですね。**

**武田** プロジェクトの会議の中で、「なぜ、野球人口が減少しているのか?」をとことん話し合いました。少子化の流れ以上に減っているのは、誰が見ても明らかです。野球というスポーツの難易度が高いのか、指導者の罵声が問題なのか、野球の敷居が高いのか、保護者当番が時代に合っていないのか、スポーツそのものの選択肢が広がったのか、丸刈りに抵抗があるのか、野球はお金がかかりすぎるのか……。どれも理由だと思いますが、川口市では3つに絞って、改革案を打ち出しました。それが、「強制坊主の禁止」(髪型自由)、「保護者のお茶当番等の廃止」、「サークルベースボールの普及」になります。

## 全国的にも珍しい「強制坊主の禁止」

**――特に話題を呼んだのが、「強制坊主の禁止」だと思います。NHKなどテレビにも取り上げられました。中体連として、頭髪に関する方針を明確に打ち出したのは、川口市が最初ではないでしょうか。**

**武田** もともと、川口市は坊主頭に対するこだわりが強く、それが野球をやるうえでの覚悟の表れだと考えられていました。十数年前、勤務している中学校でソフトボールの授業を手伝いに行ったとき、野球部の生徒よりも上手な生徒が10人近くいました。小学校のときはソフトボールクラブでプレーしていたみたいですが、中学ではバレーボール部に所属。「何で野球部に入らなかったの?」

と聞くと、全員が「坊主がイヤだったから」という答えでした。当時の私はまだ、「そんな覚悟のないやつは、野球をやらなくていいよ」と思っていたのですが……、狭い考えでした。髪型のせいで、野球をやる子を減らしているのだとしたら、こんなに意味のないことはありません。顧問同士で話し合って、「強制的な坊主はやめよう」と取り決めを作りました。

**――実際に、「髪型自由」にしてみて、何か感じることはありましたか。**

**武田**　少し違和感があったのは、最初の頃だけですね。坊主が覚悟の表れなんてことは、今はまったく思っていません。

**――保護者のお茶当番に関しても、さまざまなところで議論を呼んでいます。**

**武田**　自分の時間を大切にしたいと考える保護者が増えています。お茶当番などがあることで、野球部に入りづらい家庭もあるはずです。中学生にもなれば、自分たちでできることなので、保護者の負担をできるかぎり減らすように努めています。

**――3つ目が「サークルベースボールの普及」です。**

**武田**　中学野球の部員数が減っているということは、必然的に少年野球の子どもたちも減少していることになります。さきほどの保護者の当番の問題に加えて、多くの公園でボール遊びができず、野球に触れる機会が減ったことも一因だと考えています。平日の放課後や土日に、中学校の校庭を開放することで、野球に近い遊びの体験を少しでも増やしていきたい。そう思ったのがきっかけです。サークルベースボールとは、柔らかいボールと柔らかいボールを使った「ベースボール型」の遊びで、簡易的なルールで誰でも楽しむことができます。

**――サークルベースボールを普及させるため、各地区の小学校にかなりの量のチラシを配ったそうですね。**

**武田**　校長会を通じて、川口市の全小学校に「お知らせ」を配布しました。1回のイベントで1500枚ほど配っています。ただお願いするだけでは、「何で野球だけ優遇されるの?」となりかねないので、小中学校で行っている新体力テストの話をしました。川口市に限らずですが、全国的に数字が落ちているのが投力です。公園で野球ができなくなったので当たり前のことですよね。そこで、「サークルベースボールは投力アップにもつながります」と説明し、理解をしていただきました。あとは、ケガがあった場合の保険です。イベントを開こうとすると、「何かあったら、誰が責任を取るんだ?」と必ず聞かれます。一度の開催ごとに、人数に応じてかけられる「イベント保険」で対応するようにしました。

**【サークルベースボール/主なルール】**

①投手はサークル内から打ちやすいボールを投げる(三振はなし)
②打者は打ったら3段階(5メートル間隔)のマーカーまで走る
③手前のマーカーから1点・2点・3点として往復すると加算されていく。打ったボールがサークルに戻ってくるまで、何点加算されるかカウントする。
④守備側は打者が打ったボールを捕って、投手サークルにボールを運んだらアウトとする。
⑤1人1アウト交代で7イニング行う

## 「埼玉ｂａｓｅｂａｌｌフェスタ·ｉｎ川口」の開催

**――３つの改革を実行してから時間が経過していますが、現在はどのような形を取っていますか。**

**武田**　「強制坊主の禁止」「保護者のお茶当番等の廃止」はそのまま継続し、今ではそれが当たり前のものとして定着しています。形を変えたのが、「サークルベースボールの普及」です。中学校単位で、学区の子どもたちに向けて普及活動をしていたのですが、参加してくれる子どもたちの人数に幅がありました。正直、１度のイベントで挙げられる効果はそれほど高くなく……。また、参加者の年齢を見ると、小学校高学年の参加はほとんどなく、すでに何らかのスポーツをやっていることが推測できました。低学年や未就学児が多かったため、その世代に集中的にアプローチをかけたほうが、効果を得られるのではないかと考え、２０１９年から開催しているのが、『埼玉ｂａｓｅｂａｌｌフェスタ·ｉｎ川口』です。

**――かなりの人数の子どもたちが参加したそうですね。**

**武田**　野球未経験の未就学児・小学生を対象にした結果、２００名近い子どもたちが参加してくれました。イベントのコンセプトは、「野球がやったことがない子どもたちに、野球の楽しさを伝え、野球を始めるきっかけを作る」。埼玉西武ライオンズの協力も得ることができ、当日は川口市営球場でホームラン競争、ストラックアウト、スピードガンコンテスト、サークルベースボールなど、さまざまな野球遊びを体験してもらっています（写真Ｐ１３６）。ひとつ体験するごとに、スタンプを押していくスタンプラリー方式を取ることで、すべてのイベントを回ってもらえる工夫をして

います。

**——小さい子どもにとっては、スタンプが埋まっていく喜びもありますね。**

**武田**　このイベントの原型とも言えるのが、長野の北信地区で開催されている『北信野球の日』です。川口市のスタッフで視察に行き、イベントを行うためのさまざまな資料もいただきました。主宰の大槻寛先生（当時・長野西高野球部監督）をはじめとして、野球界の未来のために行動する先生が全国にいることはとても心強いです。川口のベースボールフェスタでは、私たち大人は当日の運営にほとんど関わらず、中学生が中心となって、イベントを盛り上げてくれています。大人は、何か困ったことが起こったときの相談役の立ち位置です。

**——中学生の主体的な働きは、今回初めて視察した秦野の野澤先生も感心していました。**

**武田**　参加した保護者の方から毎年上がるのが、

「中学生の頑張りに感動しました」という嬉しい感想です。ベースボールフェスタは、野球振興の意味合いだけでなく、中学生の成長にも大きくつながっているのは間違いありません。また、フェスタの動きは埼玉県の他地区にも広がっていて、所沢市や越谷市でも開催されています。

## 『baseballサミット』で危機意識を共有

**――baseballフェスタを始めた2019年には、『川口市baseball サミット』を開催されています。これはどういった主旨のイベントになるのでしょうか。**

**武田**　サミットは主に野球に関わる大人に向けたイベントになります。さまざまな有識者の方を招き、今の時代に即した指導方法やスポーツマンシップ等について学ぶ場です。一般的に、「野球の指導は厳しい。罵声が飛ぶのが当たり前」というイメージを持つ方が、今も多いと思います。実際にそういう現場もあるわけで……、最近は「インテグリティ」（誠実さ、真摯さなど、組織のリーダーに求められる資質）という考えが重要視されていますが、指導者の姿勢や意識を変えていかない限り、野球人口は減少していくと思います。

**――子どもたちが野球を始めたくても、入りたいチームがない……という話も聞きます。**

**武田**　フェスタとサミットを通して、地域の野球の一体感を構築できればと考えています。特にサミットでは、①野球人口の減少への共通の危機意識、②受け入れた選手が継続してできる環境作り、③選手が夢を持って野球を続けていける環境作りを大切にしていきたい。大人側が変わらないと、野球界は変わらないと思います。

**――こうした取り組みを通じ、川口市の少年野球の人口は増えているのでしょうか。**

**武田**　詳しい人数のところはわかりませんが、新しい取り組みが動き始めています。少年野球連盟に加盟していないチームが中心となり、「FFリーグ」という新たなリーグを立ち上げました。出場機会を増やすためにリ・エントリーをOKにしたり、ケガを防止するためにダブルベースにしたり、根底にあるのは「子どもたちファーストの野球」です。私も「相談役」のような立場で、少し関わらせていただいています。

## 4支部に分けて活動する川口クラブ

**――ここからは、川口市のもうひとつの特徴である「川口クラブ」について聞かせてください。もともとは、横浜スタジアムで開催される全日本少年軟式野球大会への出場を目指した市選抜として、2005年に創設されたチームでした。それが今は、組織そのものが変わっているそうですね。**

**武田**　10年近く選抜チームとして動いてきましたが、2019年から加入型のクラブチームとして運営しています。川口クラブを北、東、中央、南の4支部に分けて、それぞれの支部でトップ、ミドル、育成の3つのステージを置き、より多くの選手を指導できる体制を取っています。さらに、トップの中から定期的にU13、U14、U15を選考し、入れ替えを行い、最終的に川口クラブのトップチームを結成する流れになっています（図P139）。

**――かなり多くの選手が加盟していることになりますね。**

**武田**　3学年揃ったときは、だいたい250名ほどで、川口市中体連の部員の8割ほどが加盟して

**新生「川口クラブ」発足**

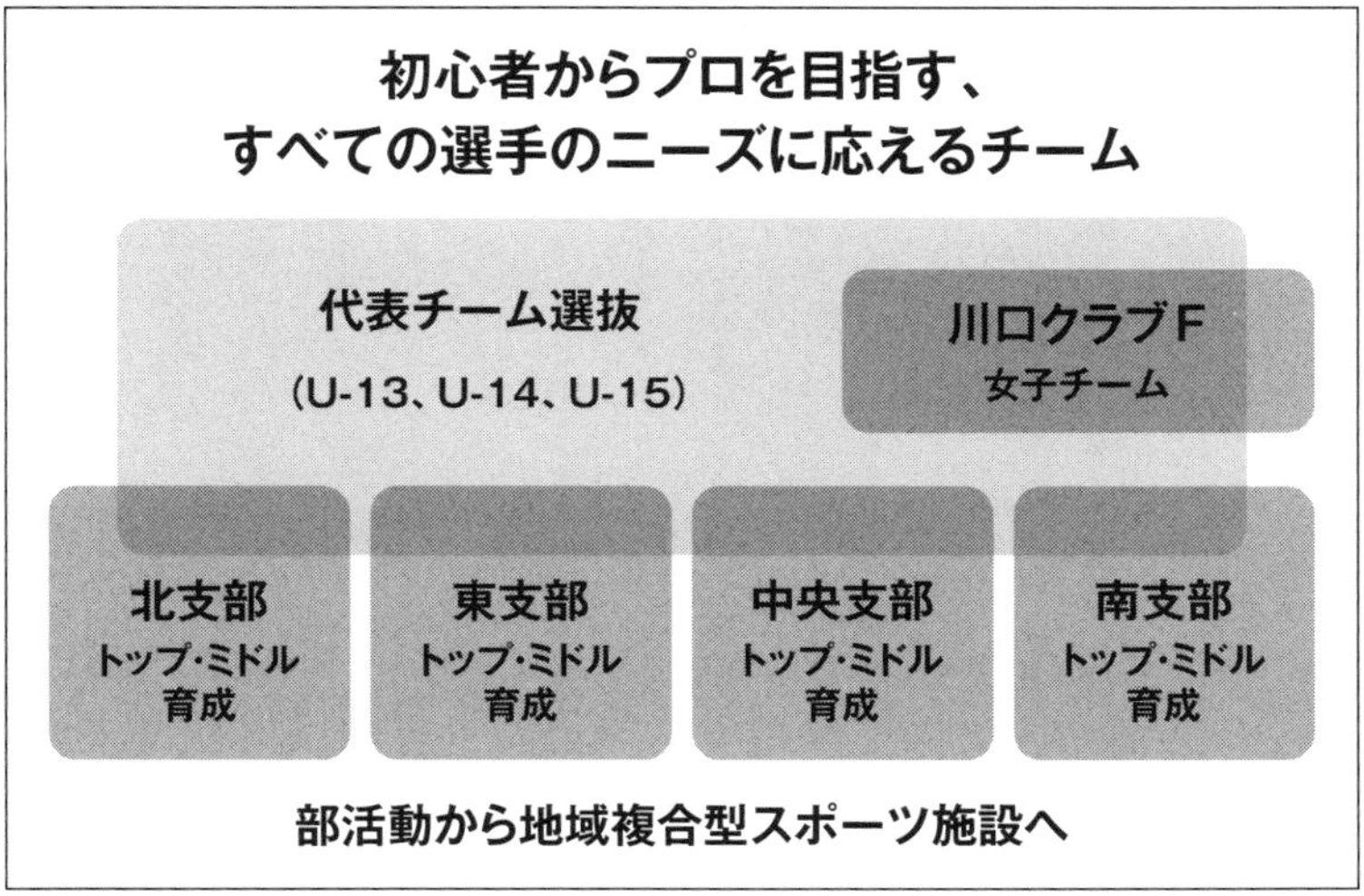


いることになります。部活動ガイドラインが策定されたことで、日曜日に各学校で練習することが難しい状況になりました。「もっと野球をやりたい」と思っているのは生徒だけでなく、指導者も同じです。思い切り活動できる場を作るために、川口クラブの規模をあえて大きくしました。この発想自体はずっと持っていて、10年以上前に保護者からかけられた言葉がきっかけになっています。「先生たちは、選抜に選ばれた20人の子どもたちのために、何十人もの指導者が集まって一生懸命に指導しているけど、その間に残された子どもたちはどうなるんですか？　川口クラブが勝ったとしても、喜んでいるのは一部の人たちだけですよ」。ものすごく刺さった言葉でした。

**――たしかに、保護者の気持ちもわかりますね。**

**武田**　自分もそれまでは、いつかは川口クラブの監督をやりたい野心があったのですが、この言葉を聞いて、考え方が変わりました。選抜に入れなかった子どもたちが満足できるような活動をしていきたい。それが今になって、形になった感じです。

**――素晴らしい考えですね。トップ、ミドル、育成は、指導者側で振り分けるのでしょうか。**

**武田**　いえ、基本的には選手たちに希望を聞きます。必ずしも、中学から始めた未経験者が育成に入るわけでもありません。3年生に関しては、トップを希望する選手は全員がトップに入れるようにしています。ただ、トップは実力主義でやっているので、「試合に出られないこともあるよ」と伝えています。試合経験を積みたい子は、ミドルを選ぶ傾向にあります。

**――これだけ細分化していると、指導者の数がかなり必要になるのではないですか。**

**武田**　トップ2人、ミドル2人、育成2人の6人いれば回っていく感じです。それぞれの支部で、担当分野を設けています。今後は保護者やOBにも声をかけて、地域の力を借りていければと思っています。

**――野澤先生にも聞いた話ですが、月謝はいくらでしょうか。**

**武田**　月1000円ですが、次の新チームから月2000円に上げる予定です。指導者に、部活動手当と同じぐらいの対価を払えることができればと思っています。

**――指導者は全員が、川口市の教員ですね。**

**武田**　そうなります。今の悩みは、ちょうど子育て世代の教員が多く、川口クラブの指導者が減っていることです。ただ、そこは強制ではないので、指導者も加入制として、来られる日に来てもらう形を取っています。

## 2023年3月には一般社団法人を設立

――川口クラブに入っている選手は、必然的に各学校の部活動にも加入していることになります。部活動との両立はどのように考えていますか。

**武田**　平日と土曜日は部活動、日曜日は川口クラブという形で、両立しています。本当は土日も川口クラブで動いたほうが練習も多くできるのですが、それでは部活動にのみ加入している子に対して失礼になります。学校に部活動がある限りは、今の形を継続していく予定です。

――今後、川口クラブが目指す場所はどこにあるのでしょうか。

**武田**　地域複合型スポーツ施設です。まだ具体化には至っていませんが、教員としての立場を大切にしていきながら、さまざまなスポーツができるクラブにしていければと考えています。絶対に教員の力がなければ、地域のスポーツは回りません。他競技のことも考えて、川口クラブのロゴをあえて野球から離れたデザインにしました（川口クラブHP　https://kc.1net.jp/）。

――なるほど、最初からそこまで考えていたのですね。

**武田**　運営していくにあたって、金銭面での問題は必ず出てくると思い、2023年3月20日には一般社団法人「STAND FOR BASEBALL川口」を立ち上げました。私たちの事業に魅力を感じていただいた企業や地域のみなさんから、寄付をいただき、それを川口市の子どもたちに還元していく。たとえばですが、経済的な事情で野球を始めるか悩んでいる子どもにグラブやユニホームを寄贈したり、川口クラブの会費を減額したり、誰もが野球を楽しめる環境を作っていきたいと考えています。

**――やりたいことがどんどん現実化していきそうですね。夢は広がりますね。**

**武田**　社団法人の大きなコンセプトは「スポーツ×教育×地域」です。学校だけでは学べないことが、必ずあると思っています。「中学生」や「野球」にこだわることは一切考えておらず、もっと幅広い活動をしていきます。最終的には、川口クラブの活動を通じて、川口市を活性化させていきたい。川口クラブのTシャツを着たおじいちゃんやおばあちゃんが、クラブの応援に来てくれて、子どもたちは一生懸命にプレーすることで、元気を還元していく。ヨーロッパのスポーツクラブを目標にしています。

## 子どもたちが野球を存分にできる環境を守る

**――武田先生の話を聞くたびに、その行動力とともに、川口市全体のエネルギーの強さに驚かされます。**

**武田**　私たちがここまで動けているのは、上村雄一先生（川口市立十二月田中）や中田大輔先生（川口市立鳩ヶ谷中）ら先輩方が、「好きにやっていいよ」と温かい目で見守ってくれているからです。だからこそ、自分たちの意見を押し殺すことなく、アクティブに動くことができています。そうでなければ、こうした組織にはならなかったはずです。他地区の先生からは、「川口市は組織的に動いているから大変そう……」と見られることもあります。川口市に入ったら、いろんなことをやらないといけないんだと。でも、じつはそうではなくて、川口クラブの運営に関わっていない先生方もいます。そこは、自由であり、強制することはありません。

**――武田先生がリーダーシップを取って、さまざまなプロジェクトを動かしていますが、考えを具現化するときに心がけていることはありますか。**

**武田**　できるかぎり幅を持って、さまざまな人たちの心に寄り添っていくことです。できる人だけの考えで運営していくと、今の時代は苦しむ人も出てきてしまいます。子育てが忙しい教員は家族を優先してもらってもちろん構いませんし、川口クラブで勝利に対してガツガツやりたくない子は「ミドル」や「育成」で野球を楽しむこともできます。あとは、私個人としては、自分の強みは何をやるにしても、「できないことはない」と思っていることです。暴走気味でもいいので突き進み、ある程度物事がうまく進んでいくと、そこに乗っかってくれる人が増えていきます。道筋が見えるまでは、暴走することも必要なのかなと。ただ、それができるのは考えに賛同してくれる仲間がたくさんいるからです。

**――まずは動いてみることですね。仮に、川口クラブのような組織を作りたい先生がいたとしたらどんなアドバイスを送りますか**

**武田**　その地区で頑張っている、なるべく多くの子どもたちを救ってもらいたいと思います。私はどの競技も、トップレベルの選手にとっては良い方向に進んでいると感じます。侍ジャパンもそうですし、中学生で言えば、埼玉県では埼玉西武ライオンズジュニアユースが設立され、ライオンズの協力のもと県選抜の活動ができています。一方で、少年野球から中学に進むときに野球をやるか迷っている子や、中学から野球を始めたいと思う子にとっては、まだまだ環境が整備されていないと思います。受け皿であるはずの部活動が、今後どのような状況になるかわかりません。部活が衰退していくと、うまい選手しか野球ができない環境になってしまうのではないか……。選択肢が硬式クラブだけになると、家庭の経済的な問題も出てくると思います。本来は、私たちがこうした組織を作るのではなく、国が部活動そのものにお金をかけてほしかったとは思っています。

**――最後に聞かせてください。武田先生を突き動かしている原動力は何でしょうか。さまざまな活動は、エネルギーがないとできませんよね。**

**武田**　それはいろんな人に聞かれます。お金にはならないですし、注目を受けたいわけでもありません。何のためにやっているのか……。やっぱり、フェスタで子どもたちが楽しそうに野球をやっている姿や、部活動や川口クラブで一生懸命に野球をやる選手を見ていると、「大人が何もしないで、今のこの状況を黙って終わらせてしまってはいけない。野球ができる環境を守ってあげたい」と強く思います。あとは、教え子の中で教員を志している生徒がいますが、「中学校で部活ができないのなら……」という悩みを聞きます。こうした教え子が帰ってこられる場所を作っておきたい。部活動の今後が不透明であれば、それが川口クラブであってもいい。それに、私自身も野球が大好きなので、これからも野球ができる場を守り続けたいと思っています。

山梨・南部町立南部中

# 遠藤浩正 監督

## 「野球=マイナースポーツ」の自覚を持つ 未経験者の技術と心を育てる指導法

部員数の減少に悩む学校が増えている中、山梨・南部町立南部中は部員の大半が中学デビューにもかかわらず、昨年春夏連続で県大会ベスト4入りを果たした。未経験者の勧誘と育成に力を注ぐのが、就任6年目を迎えた遠藤浩正先生である。チーム作りとともに、初心者の技術を伸ばすための練習法を聞いた。

えんどう・ひろまさ　1981年6月21日生まれ、山梨県南巨摩郡出身。身延高～中京大。大学卒業後、一般企業、山梨県体育協会の職員を経て、2008年に南部中に赴任。部長として、関東大会を2度経験する。その後、身延町立中富中、西桂町立西桂中に移り、2018年から再び南部中へ。2022年春夏ベスト4入り。

## レギュラー6人が中学デビューで春夏ベスト4

水と緑に溢れた山梨県南巨摩郡南部町。甲府市からも静岡県富士市からも、電車で1時間ほどの場所に位置している。南部中は、2011年4月に南部町立万沢中、南部町立富河中、南部中の統合によって新設開校した町内唯一の公立中で、学年2クラス、全校生徒約140名の小規模校である。

監督を務める遠藤先生は、身延高校から中京大を経て、一般企業、山梨県体育協会に勤めたあと、「期間採用」の形で2008年に南部中に赴任した。当時は部長の立場で、5年間で関東大会に2度(2009年、2011年)導き、全中出場まであと一歩のところに迫った。その後、身延町立中富中、西桂町立西桂中と異動する中で、部員の減少を肌で感じるようになったという。西桂中に異動したときは、野球部は休部状態で、さまざまな生徒に声をかけ、部員5人から再スタートを切った経緯がある。

2018年から再び南部中に戻り、5年が過ぎた。毎年のように未経験者が入部しているが、転機になったのが2018年の新入生にあるという。

「経験者が8名いる代でした。それでも、今後のために初心者をひとり以上必ず誘いたいと思っていました。なぜなら、中富中や西桂中でわかったことですが、中学から野球を始める子がひとりでもいると、次の学年も入りやすい。0から1になれば、2にも3にもなっていく。逆に言えば、0

から1にすることが難しい。初心者がひとりでもいて、その子が着実に成長していけば、『うちの野球部は、中学から始めても十分にやれるよ！』という言葉に説得力が生まれてきます」

結果、この学年は未経験者が1名入部。経験者の8名が、熱心に誘ったことが入部につながった。

2022年に春夏ベスト4に進んだチームは、レギュラーの3年生のうち6名が未経験者で、ストレートの球速が100キロ台前半から122キロにまで伸びたり、50メートル走のタイムが8秒台前半から6秒台後半に伸びたりするなど、飛躍的な成長を遂げたという。

先輩たちが引退したあとの新チームは、11人中10人が中学デビュー組。1年生には、未経験者の女子生徒もいる。地元に1チームだけある少年野球の人数も減っているため、経験者だけでチームを組むことは今後も難しい状況になっている。

## 野球は「メジャースポーツ」ではなく「マイナースポーツ」

なぜ、南部中は未経験者の部員が多いのか――。

「一番大事なことは指導者が考え方を変えることだと思います。それは、『野球はもうメジャースポーツではなく、マイナースポーツである』と自覚すること。なぜ、卓球やソフトテニス、バレーボールなどは中学から始める子がいるのに、野球は少ないのか。それは、『野球を選んでくれるだろう』とどこかで思っているから。待っているだけでは、子どもたちは野球をやらない時代です」

ドキリとした言葉だった。たしかに、中体連の部員数で野球部がトップだったのはもう過去の話。自分たちからアクションを起こしていかなければ、今後も減少の一途を辿っていくのは間違いない。

「小学校のときに野球をやりたかったけど家庭の事情でできなかった子や、ちょっとでも興味を持っている子を野球の世界に導いてあげられるのは、中学の部活動にしかできないことだと思っています。初心者がいきなり硬式でやるのは、なかなかハードルが高いことなので」

南部中独自の取り組みと言えるのが、毎年4月に生徒会主導で行う「部活動体験」だ。1年生全員がすべての部活動を回る。遠藤先生が南部中に戻ってきてから始めたことだという。

「1年生がいくつかのグループを作って、およそ1週間かけて、ローテーションで各部活を回っていきます。男女関係なく、すべての部活を体験する。野球部に未経験者が多いのは、この取り組みが大きいと思います」

外で活動する運動部はソフトテニス部と野球部のみで、体育館にはバスケットボール部（2022年度で廃部）とバレーボール部がある。運動をしたい生徒は、必然的にこの中から選ぶことになる。

「体験期間で意識しているのは、とにかく楽しませることです。毎年感じるのは、未経験者であってもボールを打つことは楽しい。スタンドティーを揃えて、バットに当たりやすいソフトボールを使って、打つ楽しさを体験してもらっています。打てる子は、ティーバッティングで思い切り打ってもらう。うちの選手たちには、『1年生のスイングを見て、バットを振っている軌道にトスを入れるんだよ』と教えて、トスの練習までしています」

さらに、野球部の3年生が中心となり、バットの握り方や打ち方などを丁寧に教えていく。優しい先輩の姿に惹かれて、野球部を選ぶ新入生も毎年いるという。

体験期間のあとには、「自由体験期間」があり、積極的に「またグラウンドに遊びに来てよ」と声をかけていく。マイナースポーツだからこそ、自ら動く。

なお、髪型は当然、自由。丸刈りを強制していたら、初心者はほぼ間違いなく入ってこない。

「最初に南部中に赴任したときは坊主でした。『覚悟を決めるために坊主になる』と思っていた時代もありますが、今は『野球はこうでなければいけない』という考えは完全に捨て去りました」

指導者側が考えを変えなければ、新たに野球を始める子どもたちを増やすことはできない。

## 中心軸は「子どもたちのために」

未経験者が増えている理由のもうひとつに、遠藤先生の人柄もある。年上の教員からはかわいがられ、年下からは慕われる。明るい性格で、常に輪の中心にいる存在だ。

「教員になった当初は、スーパートップダウンの指導で、高校野球みたいな感覚で教えていました。子どもたちからすると、めちゃくちゃ厳しい監督だったと思います」

ちょっとした小さなミスにも怒鳴る時代もあったが、今はその面影すら感じない。部員ひとりひとりに丁寧に声をかけ、良いプレーは心から褒め、成長を後押しする。グラウンドには温かい雰囲気が流れている。ピリピリした雰囲気であれば、未経験者も野球部をわざわざ選ばないだろう。

「時代に合わせて変わってきた自覚はあります。それでも、若い頃の指導を後悔しているわけでもなく、あのときも全力で子どもたちに向き合っていました。教員になったときに決めたことが、『子どもを中心軸に置く』。生徒指導も教科指導も部活指導も、子どもたちのために熱量をかけて行動する。若いときは、『１００回言ってダメなら３００回言うぞ！』という勢いで、子どもたちは『この先生、マジだな』みたいな感覚にはなっていたはずです」

なぜ、「子どもを中心軸に置く」と決めたのか。そこには、教員に就くまでの生き方が大きく関係している。当初は、体育の教員免許を取るために中京大の体育学部（準硬式野球部）に進学し、高校の教員を目指していた。しかし、周りの優秀な仲間と比べると、「教員としてやっていけるだろうか」という不安が募り、一般企業に入社。仕事は、車の営業だった。

「教員の道から一度逃げたんです。自分には無理だと思ったので。ただ、会社員として働いてみると、心から湧き上がるものが何もなくて……。仕事がイヤだったわけではないですけど、60歳まで働くことを考えると、『このままでいいんだろうか』と思ってしまったんです。そう思った時点で働く気持ちが湧いてこなくて、教員になると決めたわけではないですが、1年で会社を辞めました」

翌年からは、知り合いからの誘いを受けて、山梨県体育協会で働くようになった。仕事の合間には、昼ご飯を食べながら、小瀬スポーツ公園の野球場で高校野球を見る機会もあった。それを見るたびに、忘れていた野球熱が甦り、大学で体育学部を選んだ原点を思い出すようになっていた。

「いろいろと遠回りをした分だけ、『教員こそが、自分が生きる道』と思えるようになっていました」

26歳で「期間採用」の立場で南部中に赴任し、31歳のときに教員採用試験に合格した。教員になってからは毎日、湧き上がるエネルギーに溢れているという。

「指導で大切にしているのは、教員が本気になること。教員の熱量が低ければ、子どもの熱量が低いのも当然です。野球部は未経験者が多いですけど、負けてもいいなんてことは微塵も思っていません。そこは、勝負に対して指導者がどれだけ本気になれるかで変わってくると思っています」

## 「成功の循環」によって人間関係の質を上げる

遠藤先生がクラスでもグラウンドでも力を入れているのが、人間関係のつながりを深めることだ。

「高い能力を持っていても、属している組織の関係性が悪ければ、成長の幅はどうしても小さくなる。『成功の循環』をとても大事にしています。『人間関係の質が高まると、思考の質が高まると、行動の質が高まり、結果の質も高くなる』。そうなると、互いの信頼関係がより高まり、もっと良いアイデアが生まれ、結果につながっていく。最初の出発点は、人間関係の質にあるんです。つまりは、仲間同士の信頼をどこまで深めることができるか」

学級で取り入れているのが、「フリートーク」である。あらかじめテーマを決めて、教室の中を自由に歩き回り、できる限り多くのクラスメイトと話をする。朝や帰りの時間を活用して、おおよそ2分間、ほぼ毎日行っている。

「テーマは何でも構いません。たとえば、『よく見るテレビ番組』でも『好きなアイドル』でも良い。『今日は異性と話して、誕生日プレゼントに何が欲しいかを聞いてみよう』と振ることもあります。学校は何か問題が起きたときに、『この問題について、クラスで話し合ってください』となりがちです。でも、人間関係が構築されていないときに、ネガティブな問題に対して話し合おうとしてもうまくいくわけがありません。それ以前に、ハードルが低い話題を提供して、お互いがどんな人間なのかを知る時間が絶対に必要になります」

生徒にはよく、「食わず嫌い」にたとえて説明する。本来、食べたことがないものは、「味がわからない」だけのはずなのに、「苦手意識」を持ってしまう。人間関係も一緒で、喋ったことがない人にはどこかで一線を引いて、勝手に「苦手」だと思ってしまう。

「人間関係をよく『距離』を用いて表すことがありますよね。仲の良い関係を『近い関係』と言うように。物は遠くだとよく見えませんが、近くに行くとよく見える。人間関係も同じように、『遠い』とその人のことがよくわかりません。だから、自分勝手に想像をして、『分かり合えないんだよな』と自己判断をしたり、『嫌い』『苦手』と避けてしまったりすることもあります。でも、一歩近づいてみれば、気づかなかったことや、見えなかったものが見えてくることがあるんです」

フリートークの大きなルールは次の4つ。

①島国を作らない（友達だけで固まらない）
②ひとりを作らない
③話している人の目を見て、しっかりと応答する
④終わったあとの反省会はしない

「反省会をすると、『今日はいろんな子と話すことができなくて……』とネガティブな話になりがちです。それではフリートークをやる意味がなくなってしまいます。反省の代わりにやるのが共有です。『Aくんはこんな面白い考えを持っていたよ！』とか楽しい話があれば、クラスで共有する。お互いのことをわかってくれば、クラス全体に安心感が生まれ、雰囲気が温かくなっていきます」

昨年から、野球部でもフリートークを取り入れ、練習の最初に「昨日の練習を踏まえて、今日のポイントをみんなで確認しよう」といった使い方をしている。

## 人間関係の土台にあるのは「価値のある無理」

「価値のある無理」

聞き慣れない言葉だが、フリートークがうまく進むか否かのカギがここにあるという。

「ひとりひとりがちょっとずつ価値のある無理をすることで、人間関係はうまく回っていきます。たとえば、クラスの中で誰かが発言したことに対して、しっかりと返事をして、反応する。そうすることで、発言した子に安心感が生まれます。何も反応がなければ、不安になってしまうもの。大人も同じですよね。この話は、入学した4月の段階で必ずするようにしています」

毎日顔を合わせていれば、面倒に感じることもあるかもしれないが、「価値のある無理」という認識があれば、反応の大事さに気づくことができるはずだ。

「自分が逆の立場になるとよくわかります。自分の言葉に対して、聞き手の反応があるとどれだけ嬉しいものか。生徒によく話すのが、『聞く側が、話し手を支えているんだよ』ということです」

こうした考えは、南部中全体に広まっているという。遠藤先生は生徒会の顧問を務めている関係で、生徒会役員と一緒になって学校のスローガンを考える立場にある。ここ数年のスローガンに、学校の風土がよく表れている。

「自分と仲間の幸せを追求する学校」「仲間を生かし、仲間に生かされる学校」

「これも子どもたちによく言っているんですが、『人（仲間）を輝かせている人間が一番輝いている』『集団の中で仲間を生かそうと思って行動する人が増えれば、その人は仲間から生かされるようになる』。仲間の成長を考えることが、自分の成長につながっていくのです」

遠藤先生が考える理想の集団は、「親和的課題解決集団」。困っている仲間がいたら声をかけ、気を配りながらも言いたいことは素直に言える。その土台を築いているのが、「価値のある無理」だ。

「すべてにつながっていますが、教員として大事にしているのは、生徒同士の横のつながりを作ることです。教員と生徒の縦の関係も大事ですけど、それ以上に大事なのが横のつながり。困っているときに、頼れる関係性を作ってあげたいと考えています」

野球部でも考え方は同じだ。学級と同じように、集団作りにエネルギーを注ぐ。

「経験者、未経験者にかかわらず、卒業するときに『野球部に入って良かったです！』と言ってもらえたときは、教員冥利に尽きます」

野球を選んでくれた生徒にたっぷりの愛情を注ぎ続け、次のステージに送り出す。先輩たちが充実した日々を過ごしていなければ、下級生の人数は増えていかないものだろう。

技術指導

## 入学してすぐに「野球＝進塁ゲーム」の意識を植え付ける

入学から2年半の時間をかけて、いかに勝てるチームに育てあげていくか。未経験者の中には、野球のルールをまだ理解していない生徒もいる。遠藤先生曰く、最初の入りが肝心だという。

「初心者の良いところは、『野球はこういうものだ』という固定観念がまったくないことです。まっさらな状態のときに、勝つために大事なことを教えていきます。1年生の春の段階で伝えるのが、野球は『陣地取りゲーム＝進塁ゲーム』ということです。ひとつでも多くの塁を進んだチームが本塁を踏み、得点につながる。でも、ノーアウト一塁からアウトと引き換えに1個ずつ進塁しても、1アウト二塁、2アウト三塁、3アウトチェンジで得点は入らない。得点を取るためには、長打や盗塁が必要になります。ですが、中学から野球を始めた子に長打を求めるのは酷。走ることであれば、経験者との差はほとんどありません。盗塁を重点的に磨いて、野球観を養いながら、点の取り方を覚えていきます。打つこと守ることは上達するのに時間がかかりますが、走ることは勝負ができると思っています」

走塁での打球判断となると、実戦で数多くの経験が必要になるが、盗塁であれば未経験者でも勝負ができる。

「一塁に出塁すると、初心者はドキドキしてしまうんですけど、それをワクワクに変えていきたい。

出塁して終わりではなくて、そこから『進塁ゲーム』が始まっていきます。走者の約束事は、『全球GO』です。紅白戦や練習試合ではノーサインでどんどんスタートを切らせます。すべての球で盗塁を狙い、スタートのタイミングが合わなければキャンセルをする。次の塁を狙うのが前提の中で、行かないことを選んでいく。スタートを切れなかった選手には、『何で今切れなかったの？』と説明を求めるようにしています」

練習の段階で「全球GO」を徹底したうえで、バッテリーとのさまざまな駆け引きを覚えていく。

## 走塁術1　投手のクセをタイプ別に分ける

### ■成功体験を積み重ねる

足が速ければ、盗塁が決まる確率は上がるが、だからといって足が遅い選手がすべてアウトになるわけではない。

「足が遅い子は、フライングスタートを徹底的に磨きます。ピッチャーのクセを盗んで、足が上がる前にスタートを切る。バッティングは球種のクセがわかったからといって打てるわけではないですが、盗塁はけん制のクセがわかれば、ほぼ決まります」

中学生であれば、何らかのクセが見えていることが多い。けん制をするときに重心が沈み込んだり、セットポジション時のスタンスが広がったり、さまざまなクセがある。南部中ではこうした「中学生あるある」を分類して、練習のときから成功体験を得る。

「私が投手役を務めて、Aタイプ、Bタイプ、Cタイプという形で、あえてクセを出した状態で二盗、三盗の練習をやります。『Aならこのタイミングで走れるよね』と説明して、セーフになる経験を積んでおく。初心者こそ、成功体験が非常に大事です。セーフになることがわからないと、試合では走れないですから。実際の試合では、『今日のピッチャーはAタイプだから、ここでスタートね』と事前に伝えておくことで、未経験者の子でも、思い切りスタートが切れます」

「このタイプはこのスタート」と決めてしまうことで、走者の迷いを消し去ることができる。

## 走塁術2　秒数スタートは「あ・い・う・え・お」

### ■数字よりも時間がずれにくい

ピッチャーのクセのひとつに、セットポジションの間合いがある。走者一塁の場面で、セットポジションで3秒持ったら投球（けん制はない）と、ボールを保持する時間にクセが表れる。よくあるのが、「イチ・ニ・サン」と心の中で数えるやり方だが、南部中ではここに一工夫を加えている。

「うちは、『あ・い・う・え・お』で数えています。なぜなら、『イチ・ニ・サン・シ』は文字数が違うため、選手によって時間にずれが起きやすいからです」

ベンチで相手投手のセットの時間を数えて、「『う』で走れるぞ！」といった確認をする。こうした視点を持つことで、相手の隙を突いて、スタートを切る楽しさを体感していく。

## 走塁術3　帰塁から教え込む（写真P158〜159）

### ■左足を一塁に小さく速く向ける

野球の面白いところは、攻撃側ではなく、ボールを持っている守備側に主導権があることだ。何を投げるか、どんな球を投げるか、あるいはホームに投げるか、けん制をするか、すべては守備側が決めることができる。攻撃側は、攻めているはずなのに「受け身になりやすい」と言える。

「全球GOをするためには、けん制をされてもセーフになる安心感が必要になります。戻れる自信があるからスタートが切れる。スタート以上に、帰塁の練習に時間を割きます」

帰塁はヘッドスライディングが基本。さまざまな理論理屈はあるが、「とにかく慣れること」と遠藤先生。中学1年生の段階であれば、さほど怖さもないという。

「帰塁のポイントは、左足を小さく速く、一塁に向けることです。このスピードが遅いと、体の方向を変えるスピードが遅くなり、結果的に帰塁が遅れます。あとは、その場から跳ぼうとするのではなく、足を使ってできるだけベースに近付いて、近い距離から勢いよく滑るように教えています」

跳ぶ意識が強いと、ベース手前で失速し、どうしてもベースタッチが弱まってしまう。

また、真っすぐ直線的に一塁ベースに滑ると、右肩を脱臼する恐れがあるため、体全体を右方向に逃がす。それによって、力を分散させることができる。

## 走塁術4　スタートのポイントは腕の『シュシュ！』（写真P162上）

### ■腕を速く動かせば足も速く動く

帰塁の次はスタート。「右足をどこに置くか」など足の使い方がよく語られるが、遠藤先生が重視するのは左手の使い方だ。

「今度は右足を小さく速く、二塁ベースに向けていきます。その動きに合わせて、左腕を前に振り出し、左腕を鋭く引くのと同時に左足を踏み出す。感覚的には、左手を〝シュシュ！〟と使っていく。腕を速く動かせば、それに連動して、足も速く動くようになるものです」

どうしても足に意識が向きがちだが、腕の動きを忘れてはならない。

## 走塁術5　セーフティのセーフティ（写真P162下）

**■主導権を先に握る**

守備側が主導権を握るのを理解したうえで、いかに走者が主導権を握り、自分たちの足で試合を支配していくか。南部中で意識しているのは、先に仕掛けることだ。

「リードを取るときには、『セーフティのセーフティ』という考えを伝えています。解釈としては、〝より安全なところ〟。ベースの上で監督のサインを見たあと、ベースから素早く、1〜2歩出る。ここが『セーフティのセーフティ』。リードを取り始めるのは、そこからです」

未経験者、というよりも野球選手全般に言えることだが、「ベースへのこだわりが強く、ベースからなかなか離れようとしない」というのが遠藤先生の考えだ。1〜2歩離れたところであれば、逆を突かれたけん制でも、パパッと足を踏み出せばすぐに戻れる。そして、先に出ておくことで、精神的にも物理的にも主導権を握った状態で、リードを取ることができる。

## 走塁術4／左手の「シュシュ!」

## 走塁術5／セーフティのセーフティ

動

## 走塁術6　にょろにょろスタート

### ■揺さぶりをかけ続ける

バッテリーのレベルが上がれば、盗塁の成功率は当然下がる。そのときに必要になるのが、ランナーからのプレッシャーだ。「走るぞ、行くぞ」とプレッシャーをかけ続けることで、ピッチャーのコントロールが乱れたり、外のストレート中心の配球（キャッチャーが二塁に投げやすいため）になったり、何らかの変化が見えてくる。

「もう、いろいろやっています。偽走スタートはもちろんですが、重心だけを右足にずらしたり、その場で胸を二塁に向けてみたり、とにかく揺さぶります。うちが得意にしているのが、『にょろにょろスタート』で、セットに入っている間に、気配をできるだけ消して、二塁方向に2～3歩にょろにょろと動く。ピッチャーが、一塁ランナーの動きが見えているかどうかこれで確認します。何も反応がなければ、そのままスタート。ピクッと動いたら、ヘッドスライディングで戻ります」

右ピッチャーに多いのが、首を一塁ランナーに向けてはいるが、「じつはランナーの動きは見えていない」というケースだ。見えていなければ、積極的にスタートを仕掛けることができる。

しかし、「にょろにょろ」に気づかれたときに、「そのタイミングで戻れるの？」と思うが、こうした場面では、相手の守備陣から「走った！」という声が飛びやすい。声に反応したピッチャーは、まず二塁ベースのほうに目をやることが多いため、その時間を帰塁に使える。守備側に、「南部中は何をやってくるかわからない」と思わせれば、作戦勝ちと言える。

## 走塁術7　アウトの数ほどうまくなる

### ■自分の持ち時間を知る

走塁の判断力を磨くには、それ相応の時間がかかる。内外野の間に上がったフライの判断は、プロ野球選手であっても難しいところだ。判断に迷った選手を怒ったり叱ったりしても、プラスの方向には進んでいかない。

「トレーナーの和田照茂さん（仙台育英のトレーナーとして夏の甲子園優勝をサポートするなど、多方面で活躍中）の理論や指導法を、ＤＶＤ等で勝手に学ばせてもらっているのですが、『良い選手＝自分の持ち時間を知っている選手』という、和田さんの考えにものすごく共感しました。ランナーである自分が今どこにいて、ボールはどこにあるのか。野手の肩と自分の足を計算して、次の塁を狙う判断を瞬時にできるかどうか。この感覚に優れている選手は、走塁の判断がうまい。では、どうすれば持ち時間を知ることができるか。それはもう、実戦でアウトになるしかありません。アウトになる数が多い選手ほど、感覚が磨かれていく。チャレンジしたアウトであれば、ナイスプレー。積極的にトライしていかないと、判断力は身に付いていきません」

盗塁の項で紹介した「成功体験」も大事だが、アウトになることを恐れてはいけない。むしろ、数多くのアウトを経験すること自体が、結果的には「成功体験」と言えるのかもしれない。

## 走塁ドリル1　アジリティー（写真Ｐ１６６）

■運動神経を磨く

ウォーミングアップの最初に行うのが、細かい足さばきや俊敏性を養うアジリティーだ。縦・横5メートル間隔にミニマーカーを置き、ジグザグで走ったり、マーカーを小さく回って方向転換をしたり、サイドステップで左右に繰り返し進んだりと、さまざまなメニューをこなす。

「2年半やり続けていれば、間違いなく運動神経は良くなります。初心者の中には、小学校のときにほとんど運動をしていない子もいるので、とにかく走って体を動かすこと。でも、ただ真っすぐ走るだけでは効率が悪いので、いろんな動きを取り入れています。その場で止まったり、切り返したりする動作が重要で、身のこなしのうまさにつながっていきます」

2年半あれば、50メートル走のタイムが2秒以上速くなる選手も珍しくはない。中学生はそれだけの伸び代を持っている。

## 走塁ドリル2　スライディングバトル（写真P167）

■滑ることへの恐怖心をなくす

塁間の中間点にスタート（ゴール）地点となるベースを置き、2人一組で競走する。笛や声を合図にして、「バック！」のときはヘッドスライディングで帰塁。「ゴー！」であれば、それぞれが各塁に向かってスタートを切り、足からのスライディングですぐに立ち上がって向きを変え、ヘッドスライディングでゴールに戻る。

仮に、二・三塁間を使う場合、A選手はスタート地点から二塁ベースに走り、スライディングで

## 走塁ドリル1／アジリティー

動

## 走塁ドリル2／スライディングバトル　動

## 走塁ドリル2／すぐに立ち上がる

滑り込んだあと、ゴール地点にヘッドスライディングで戻る（B選手はスタート地点→三塁ベース→ゴール地点となる）。ゴールに速く手を着いた選手の勝ちとなる。

「スライディングからすぐに立ち上がろうとすれば、必然的にスライディングは速くなります。それに、競走を取り入れれば、本能的に速く滑ろうと思うものです」（写真P167下）

遠藤先生の指導法の中には、「ひとつ先のことを言う」という考え方がある。スライディングだけに着目するのではなく、「滑ったあと速く立ち上がりなさい」と次の動きに意識を向ける。このほうがスライディングは通過点になり、結果的に速いスライディングにつながるという。

## 難易度が高い「投動作」はスナップスローから

「野球＝進塁ゲーム」という考えに基づき、攻撃面では走塁を重視する遠藤先生。守備に視点を置き換えると、相手に進塁させないことが勝利につながっていく。

「今まで何人もの初心者を見てきましたが、圧倒的に難しいのが投げることです。小さい頃に投げる動作を経験していない子は、運動の回路ができあがっていません。どうやって教えていくか。ここ数年、自分の中でわかったことではあるんですが、最初からピッチャーの投げ方を教えると、なかなかうまくいきません。動作が難しすぎて、余計な動きやクセがどうしても入りやすくなります」

軸足で真っすぐ立って、投げたい方向に体重を移動させて、踏み込んだ前足を支点に回旋運動を起こす。腕はテイクバックがあり、トップがあり、リリースがあり……。実際、プレーしている選手がここまで動作を分けて考えることはないとしても、複雑な動きであることは間違いない。

「うちでは、スナップスローから教えるようにしています。スナップスローは体の捻りや体重移動、回旋運動が小さい分、動きがシンプルです。そこで、投げるための体の使い方を覚えたほうが変なクセが出ずに、スローイングやピッチングに入っていけるように感じます」

スナップスローの定義は、人によって分かれるところだが、南部中では挟殺プレーや6－4－3のゲッツーで使う投げ方などを想定している。つまりは、体重移動や回旋運動のエネルギーをあまり使わない動きとなる。

なお、ピッチャーの投げ方をまったくやらないわけではなく、キャッチボールの最初に、ボールを使わないシャドウトレーニングを設けている。

「ボールを投げると、その行方に目がいってしまうので、シャドウで体の使い方を覚えていく。キャッチボール前に必ずやるので、2年半続けていくと、それなりのフォームになってきます」

ドリル6以降が、ボールを使わない動き作りとなる。

## ドリル1　タップスロー（写真P170）

### ■腕を止めれば、末端が走る

スナップスロー習得の第一歩となるのが、パートナーと正対して行うタップスロー。授業中に挙手する位置をイメージして、ボールを持った利き手を上げて、グラブハンドで利き腕の手首とヒジの中間を軽く叩く。叩くことで、ヒジから先が勝手に走り、ボールが手から離れていく。捕り手との距離は5～7メートル程度で十分。遠くに強い球を投げようとする意識は、一切必要ない。

## ドリル1／タップスロー

動

『ボールを投げる＝腕を強く振る』と思っている子が多いですが、腕を止めれば、指先は走っていきます。注意点としては、ヒジの位置を落とさないこと。『前で叩こう』とすると、ヒジが落ちやすくなるため、どうしてもその意識が強い選手には、『体の後ろで叩くぐらいでいいから』とアドバイスすることもあります。結局、よく言われるゼロポジション（P237参照）につながっていくのかなと思います」

また、利き腕に力が入りすぎていると、グラブハンドで叩いたとしても、手首が固まっているため、指先が走っていかない。関節が柔らかく動くからこそ、手からボールが発射される。

「初心者に多いのが、手首がロックしてしまって、ボールも強く握っていることです。こうなると、関節がうまく使えません。力を抜いたほうが、指先が走る。イメージ的には、ボールを離したあと、ヨーヨーを引き戻すように、手が戻ってくる。その感覚を体感できる練習だと思います」

### ドリル2　水切りスロー（写真P172～173上）

## ■ヒジから先をしならせる

川の水面に向かって、石を投げて、どれだけ跳ねさせることができるか。そのイメージでボールを投げる。はじめは、軸足で立った状態でバランスを保ち、右投げは右方向に体を傾ける。両肩とヒジの関係がなるべく一直線になった体勢から、ヒジから先をしならせる意識で、指でボールを弾く。フォロースルーでは、人差し指で相手を指すことで、コントロールが安定する感覚を掴む。

この動きに慣れてきたら、ボールを地面に置き、利き手で拾い上げたところから水切りスローを行う。体が傾く角度がより急になることで、バランスを保つ能力も同時に養う。水切りスローがうまくできるようになると、周りから「あの子、中学から野球を始めたの？」と驚かれる確率が高い。

### ドリル3　体重移動（写真P172～173下）

## ■左右の「入れ替え」を覚える

ここから、下半身の動きを入れていく。パートナーと正対し、足を肩幅よりやや広めに開いた体勢から、左右の股関節に体重を入れ替えるエネルギーを生かして、ボールを投げる。

「口酸っぱく伝えているのが、〝入れ替え〟です。体を捻ったり、回したりするのではなく、入れ替えることで腕が振られていく。具体的に言うと、踵、股関節、手、目の4点です」

## ドリル2／水切りスロー

## ドリル3／体重移動

下半身は、踵と股関節。右利きの場合、右足の股関節に体重を乗せると、左足の踵が浮き、左足の股関節に体重を移し替えると、右足の踵が浮く。遠藤先生は「股関節にはめる」という表現を使っていたが、踵が地面に着いたままでは、体重移動はスムーズに行われない。

手は、特にグラブハンドの使い方が重要になる。右足の股関節に体重を乗せて、投げにいく体勢を作ったとき、グラブハンドを体の前に軽く差し出す。そして、左足の股関節に乗せるタイミングで、グラブハンドを左胸の方向に強く寄せ、その勢いで利き腕が振られていく。

「初心者の多くは、グラブ側の手がほとんど使えていません。だらっと下がってしまい、利き手だけで投げようとしがちです。そうではなくて、グラブ側をしっかりと使えば、強いボールが放れる感覚をここで掴んでほしい。練習の段階では、〝ドン！〟と音がするぐらい、親指の側面を強く引き寄せるようにと教えています。これができると、投げるボールもだいぶ変わってきます」

ピッチャーの場合、左手をねじ込むような使い方が一般的だが、野手の短い距離のスローイングでは、「真っすぐ直線的に引き寄せたほうが、下と上のタイミングが合いやすい」というのが遠藤先生の考えだ。

最後は目。右足の股関節に乗せたときは左目で相手を見て、投げ終わりでは右目で相手を見る。コントロールが乱れる選手の多くは、目の入れ替えの意識がほとんどないという。当たり前のことだが、目で見て、狙って投げようとしなければ、ボールはぶれていく。

## ドリル4 右足前スロー（写真P175）

## ドリル4／右足前スロー
動

■胸郭を開いて閉じる

右利きであれば、右足前、左足後ろの体勢からの送球。本来は軸足となる右足を前に出すことで、テイクバックが背中の後ろにまで入り込むのを防ぐことができる。背中の後ろに入ると、肩関節の可動域が制限され、どうしてもヒジが上がりにくくなってしまう。

このときも足の入れ替えを意識して、テイクバックを取ったときには右足のつまさきを上げて、左足の股関節に体重を乗せる。右足のつまさきを踏み込むタイミングで、前方向に体重を移し、送球に勢いを生み出す。

さらに、狙いはもうひとつ。足を前後に開き、かつ右足を前にすることで、腕を振りにくい体勢を自ら作っていることになる。そのうえで強いボールを投げるには、胸を使わざるをえなくなる。

「胸郭を開いて、胸郭を閉じる。手が自由に使えない分、胸椎の周りをどれだけうまく使えるか。相手と正対することで、胸を使う意識がしやすくなるはずです」

投げ終わりでは、余韻を残すようなイメージで相手を

## ドリル5／キレダススロー

動

指す。腕を強く振りすぎると、余韻が残せず、コントロールがぶれやすい。

### ドリル5 キレダススロー（写真P176）

■リリースポイントを覚える

ドリルというよりも遊び。スナップスローではなく、全身を使って、腕を振る。投球パフォーマンスの向上のために開発された、野球ギア『キレダス』を使って、ひたすら真っすぐ遠くに投げる。

「キレダスを遠くに投げようとすると、理に適ったリリースポイントが自然に身に付いてきます。ボールをずっと投げているよりも、効果が高いかもしれません。感覚的には、選手自身が思っているリリースポイントよりも少し後ろです。キレダスを投げたあとには、必ずボールを投げるようにしていますが、どの選手もキレダスと同じ感覚でやると、高めにボールがふけていきます。それは、決して悪いことではなくて、それが遠くに投げるためのリリースの位置。その感覚を大事にしながら、狙いどころを低く設定していくと、伸び上がるボールが投げられるようになってきます」

このあたりは、理論理屈ではなく、本人の感覚が重要になる。

## ドリル6　並進運動（写真P178）

### ■捕手方向に真っすぐ進む

ピッチャーにとって生命線とも言える並進運動を覚えるドリル。前足を上げた体勢から、軸足で地面をグッと押し込むようにして、体を捕手方向に運ぶ。胸は捕手側ではなく、三塁側に向けておくこと（右投げの場合）。並進運動が正しく行われていれば、捕手方向へ真っすぐな足跡が残る。

「これは、上と下の動きを合わせる練習としても活用していて、両手両足を落とすときに、軸足の股関節に体重を落下させ、手がフワッと上がってくるときに並進運動に入る。並進運動はできるだけ長く真っすぐが理想です。野手の送球がイチ・ニ・サンであれば、ピッチャーの投球はイチ・ニ・ノー・サン。〝ノー〟のところが並進運動になり、送球に比べると移動距離が長い。この距離があるからこそ、速い球を投げることができるのです」

また、軸足で立った体勢から並進運動に入るときに、ヒザが捕手方向に早く折れてしまうと、それに連動して、前の肩が開くことになる。軸足のヒザはその場に残しておくイメージで、内側に入れ込まないようにする。

## ドリル6／並進運動

動

## ドリル7／前足踏み込みスロー

■トップは肩よりも下でOK

遠藤先生の手本を見ると、利き手側のヒジが両肩を結んだラインよりもやや低い位置にあった。

「『ヒジを無理に上げる必要はないよ』と言っています。だいたい、肩の高さに近いところにあればOK。手がふわっと上がる動きに回旋が加わっていくと、ヒジは自然に上がってくるものです。最初から、自分の力でヒジを上げようとすると、いざ投げにいくときに落ちやすい。これは毎年、初心者を教えている中で感じていることです。ヒジは下に置いておいたほうが、結果的に上がりやすい。トップの位置は、肩よりも下で構いません」

そのため、「ヒジを上げなさい」と指導することはほとんどないという。

**ドリル7　前足踏み込みスロー（写真P179）**

■前足を固定して腕を振り切る

踏み出し足となる前足のトレーニングを兼ねたドリル。ハンドボールのシュートのイメージで、前足で前方向に大きくジャンプし、空中で胸郭を開いて、胸を張り、着地のタイミングに合わせて腕を振る。フィニッシュでは右目でキャッチャーを捉えておく。着地した前足がぐらつくと、土台が揺らぐことになり、腕を振り切ることができない。

ここ数年、遠藤先生の指導法やチーム作りが県外の指導者の耳にも届くようになり、「なぜ、中学から野球を始める子が増えたのか。初心者をどのように指導しているのか教えてください」という問い合わせが増え、岩手や茨城から指導者が見学に行ったこともあった。

「部員数をどのように増やすか」「中学から始めた生徒をいかに伸ばしていくか」。

令和5年の今、中学野球部の現場でもっとも関心を呼ぶテーマと言っても過言ではないだろう。南部中の取り組みは、野球界の裾野を広げることにつながっている。

岡山・岡山市立御南中

# 田島直哉 監督

## 『効率化』『最短・最大』を突き詰める mustを緩めて、目指すは「おもしろい野球」

「短い活動時間で、いかに成果を上げるか」
全国の指導者の共通の悩みと言っていいだろう。岡山市立御南中の野球部は週休2日、放課後約1時間の練習でありながら、昨秋の県大会でベスト4に勝ち進んだ。田島直哉先生は「取り組みの質」に徹底的にこだわり、効率化を追求している。

たしま・なおや　1984年6月14日生まれ、岡山県岡山市出身。岡山東商高～神戸学院大。公立中学校の講師や、私立明誠学院高のコーチなどを務めたあと、2014年に岡山市立芳泉中に赴任。2020年から現在の岡山市立御南中に勤める。これまで県大会3位が3度。選手たちとともに全国大会出場を目指す。

## 月曜日のミーティングで思考を整理する

「前任校に比べると、練習時間は5分の1に減っています。夏でも、放課後の練習は16時10分頃から17時20分過ぎまで。この1時間に勝負をかけています」

語るのは、就任4年目を迎えた田島先生である。岡山東商から神戸学院大に進み、岡山市立芳泉中などを経て、御南中の監督に就任。これまで県大会ベスト4が3度。2020年からは岡山市クラブ（岡山市選抜）の監督も務めている。

「御南中に来た当初は、練習時間の短さをハンディだと感じていました。それでも、『効率化』『最短・最大』（最短の時間で最大の効果を得る）を突き詰めていくにつれて、今となっては、自分の固定観念を壊せたかなと思います」

時間が短いことを嘆いていても、何も始まらない。短い中で成果を上げることを、とことん追求するようになった。

「チーム全体でビジョンを共有して、取り組みの質を高くする。そのためには、『全員が指導者』と言えるぐらい、お互いのことを見合えるような目が必要になってきます。選手同士でアドバイスを送り、フォームのチェックをする。メニューが始まるときには、何を意識すべきかを確認し合い、1球の質を高める。量では勝負できないので、いかに質を上げるか。そこにフォーカスを当てるようになりました」

まず着手したのは、曜日によってやることを明確に定めることだった。短い時間ゆえに、「あれもこれも」と詰め込みたくなるが、すべてが中途半端に終わりかねない。「できることを突き詰めよう」と考え方を変えた。

•月曜日＝ミーティング
•火曜日＝トレーニング
•水曜日＝オフ
•木曜日＝守備
•金曜日＝実戦
•土曜日＝試合
•日曜日＝オフ
＊火曜と木曜の朝練（7時半〜8時／シーズン中のみ実施）で打撃練習

これが、シーズン中の基本的なスケジュールになる。特徴的なのが、月曜日のミーティングだ。一般的に考えれば、少しでも練習時間を増やしたいところが、あえて話し合う場を設けている。

「いろいろ試してみましたが、練習の質を高めていくには、思考を整理する必要があるという結論に至りました。週末の練習試合で、何ができて、何ができなかったのか。それを月曜日にチーム全員で話し合い、平日の練習につなげていく。このミーティングがあることで、何をすべきかが明確になります。それこそ前任校では、練習時間が長く取れた分、いろんなことに取り組んでいましたが、選手の頭はオーバーフローしていたと思います。これは、学校の宿題にもつながるところで、1日にいくつもの教科の課題が出たら、広く浅くの取り組みになりやすく、何を学んだのかわからなくなってしまう。ひとつの分野に絞ったほうが、理解度が深まります」

試合↓ミーティング↓練習↓試合と、すべてをリンクさせることによって、チーム力を高めることができる。矢印をうまく結びつけるには、出発点となる試合の分析がカギとなる。

## 練習試合で起こるトラブルは大歓迎

「『練習試合＝トラブルシューティング』と位置付けています。トラブルが出ることが問題ではなく、トラブルが出ることでチームは強くなる。試合のときはベンチにホワイトボードを持ち込んで、選手たちが気になるプレーがあるたびに、自らトラブルを書き込んでいます。スキルに問題があったのか、あるいはメンタルに問題があったのか。色を使い分けて書き込む。1試合終わったときには、ホワイトボードはいっぱいになっています」

試合中に書いたほうが、よりリアルな声や考えが集まる。このホワイトボードをもとに、月曜日にミーティングを開き、平日練習で取り組むべきことを整理していく。いわば、チームを強くするための〝宝の山〟とも言えるものだ。

練習時間の捉え方について、田島先生は面白い考えを持つ。

「高校の進学クラスや大学の授業は、1コマおよそ100分です。中学は45〜50分。集中力が続かないことが、ひとつの理由だと思います。教員の立場からすると、仮に100分の授業があるのなら、50分×2コマで構成を考えます。御南中の練習も同じで、月曜日と火曜日で100分授業と考えてみると、決して短いとは感じなくなるのです。一般的に50分授業の場合は、前回の振り返りから入りますが、100分であればその時間は必要ない。月曜のミーティング後、翌日からすぐに練習に入ることができるのです」

なお、ミーティングが早めに終わった場合は、学校から支給されているタブレットを活用して、調べものをしたり、トッププレーヤーの動画を検索したり、新たな知見を得る時間に充てている。

## 不真面目＜真面目＜一生懸命＜本気

指導者がこのような学びのシステムをどれだけ作っても、選手自身のモチベーションが低ければ、成長の速度は遅くなる。選手の考え方を育てていくことが、「最短・最大」につながっていく。

「常に言い続けているのは、『本気で野球するのが一番面白い！』ということです。不真面目、真面目、一生懸命、本気とはどういうことか。選手たちにもしっかりと説明しています」

①不真面目＝言われたことができない。手を抜く、ズルをする、楽をしたい。
②真　面　目＝言われたとおりにできる。手を抜かない、ズルをしない。
③一生懸命＝②に加えて、工夫ができる。主体性がある。
④本　　　気＝③が真似できないほどの熱量で継続的に追究できる

真面目だけでは足りず、一生懸命だけでも足りない。求めるのは、本気だ。

「御南中でＮＧにしているのが、『楽しもう！』という言葉や考え方です。現役時代を振り返ると、負けたら終わりの公式戦は緊張感があり、恐怖心があります。『楽しんでいこう！』と言われても、楽しめませんでした。生徒に言っているのは、『〝楽しい〟にwill（未来形）はないよ』。本気になって、熱中しているときは、楽しさすら感じていないものです。寝る前に、『今日は本当に楽しかったなぁ』と過去のものとして感じるもの。だから、楽しさはあとから付いてくる。未来の楽しさを味わおうとするのは、目の前のことから逃げようとして、楽をしているのと同じです」

真面目と一生懸命の違いが難しいが、ここに成長のカギがあるという。

「その差は、『工夫』があるかどうか。真面目さに工夫が入ると、一生懸命になる。チームには、真面目なだけの子はたくさんいます。周りからは、『良いチーム』に見える。でも、頑張っているのに、なかなか結果に結び付いてこない。そこに工夫や知恵が入ってくると、一生懸命に変わってきます」

では、「本気」はどのような状態か。田島先生は、誰もが知る寓話『ウサギとカメ』を例に出しながら、選手たちに説明する。

「ウサギとカメの話で、ひとつだけ腑に落ちない部分があるんやけど、カメってめっちゃ悪いやつに思わん？　寝ていたウサギを抜かしたとき、どんな気持ちだったか考えたことある？　起こさないようにコソッと抜いたのか、あるいは、寝ている今がチャンスと喜んでいたのか……。ウサギに一声かけて、そこから正々堂々と勝負するやり方もあったと思う。みんなはどう思う？」

「勝負なので、わざわざ声をかける必要はない」「カメは悪くはない」「途中で寝てしまったウサギに問題がある」など、さまざまな意見が出てくるという。そのうえで、田島先生は話を広げる。

「先生が思うのは、カメはたぶん昼寝していたウサギに気づかなかったんじゃないかな。なぜかというと、一生懸命、夢中に走っていたから。それぐらい、本気だった。そうだと思わん？」

御南中の部室には、こんな言葉が貼ってある。

「本物の努力をしている人間は、自分が努力していることに気付かない　～地道に近道なし～」

目の前のことに本気で取り組み続けなければ、望んだ結果を手にすることはできない。

同時に、こんな話も付け加える。

「『表裏一体』という話をよくします。公式戦や入試、就職試験など、いざというときに顔を出すのは〝裏の自分〟。『それが、世の中の必然だよ』と。たとえば、バッティングで考えてみても、3回に1回の確率でヒットを打てれば一流選手です。見方を変えれば、『残りの2回の66．6パーセントは失敗＝自分にとって都合の悪いことが起こる』と言えるわけです。つまりは、野球は〝裏の自分〟が出やすい競技。〝裏の自分〟を磨くことが、66．6パーセントの確率を減らして、成功の確率を増やすことにつながっていきます」

どうすれば、〝裏の自分〟を磨くことができるのか。

「誰に見られていようが関係なく、何事にも本気になって取り組むことです。そして、誰でもできるような仕事を率先して積み重ねていく。表と裏の差が小さい人間ほど、いざというときに結果を残せる可能性が高いものです」

## 人生を変えた交通事故で教員になることを決意

教員を目指したのは、大学1年生の春。新聞記事にも載るような大きな事故に遭い、人生が変わった。田島先生が運転していた車に、飲酒運転の暴走車が突っ込み、坂道を転がりながら激しく横転。命に別状はなかったが、左下肢の開放骨折により、半年間の入院を余儀なくされた。

「手術をしてくれたお医者さんには、『死んでいてもおかしくありませんでした』と言われました。正直、そこに至るまでの自分は何となく生きていて、やり遂げたことがひとつもなかったんです。事故に遭ったときの記憶はほとんどないんですけど、『おれはまだ何も成し遂げていないぞ……』と思ったことは覚えています。あの事故によって、人生の方向性が定まったと思います」

中学時代は、岡山県選抜のメンバーに選ばれ、横浜スタジアムで行われる全日本少年出場を目指したが、中国大会の決勝で敗退。甲子園を目指した高校時代は、練習で半月板を損傷し、最後の夏はレギュラーを外れた。チームは準決勝で敗退。大学で初めての全国大会出場を目指したが、野球どころではない大事故に遭った。

「これからの自分に何ができるのか。そのときにパッと浮かんだのが教師でした。それまでに出会ってきた先生に受けてきた影響が、きっと大きかったのだと思います。せっかくなら、人生でやり残したことを、子どもたちと一緒にひとつずつ成し遂げていきたい。中学時代、横浜スタジアムにあと1勝で行けなかったこともあって、中学の教員を志しました」

公立中学の講師、明誠学院高の硬式野球部のコーチなどを務め、29歳のときに教員採用試験（社会科）に合格した。

「きれいごとに聞こえるかもしれませんが、事故以来、『自己満足より他者貢献』と本気で考えるようになりました。人に対しての労を惜しまない。今の子どもたちにも伝えていることです。自分だけのために頑張ろうと思うと、どうしても楽をしたり、妥協をしたりしがちですけど、仲間のため、チームのため、支えてくれた人のために頑張ろうと思えば、最大限の力を発揮できるものです」

指導するうえで、特に意識しているのは、選手の想いや願望に耳を傾けること。なぜ、野球部に入ってきたのか。それを理解したうえで、指導にあたる。これもまた他者貢献につながるところだ。

「選手のニーズはどこにあるのかを、常に考えるようにしています。挨拶や礼儀も大切ですが、それは野球部でなくても教えられるところです。野球部を選んだ目的は、うまくなりたい、強くなりたい、勝ちたい。それに応えるのが指導者の役割だと思っています」

## 選手の可能性を広げるために「ｍｕｓｔを緩める」

試合で勝つためには、技術もメンタルも体力も磨いていかなければいけない。ただし、練習で身に付けた力を試合で発揮するには、環境作りが必要になる。バントが苦手な選手に、勝負がかかった場面でスクイズのサインを出したところで、成功の確率が下がるのは当然のことだろう。

「選手の可能性を少しでも広げていくために、『ｍｕｓｔを緩める』という考えを大事にしています。攻撃面で言えば、監督が出す盗塁やバントのサインは、選手からすると『次の球でスタートを切らなければならない』というｍｕｓｔが発生します。そもそも、野球のサインはそういうものかもしれませんが、自分自身も『こうしなければいけない』という概念に縛られたくないと思っています」

目指す野球は「ワクワク感の共有」「おもろい野球」だ。できるかぎり、「～しなければいけない」という考えを取っ払い、作戦の幅を広げる。

「ノーサイン野球という考えもありますが、まだ知識や経験が少ない中学生に、『お前たちに任せたよ』では、指導者として無責任な気がします。ある程度は、指導者が方向性を示したうえで、子どもたちの主体性に任せていくようにしています」

実際に、御南中にはどのようなサインが存在するのか。

「バッターには『進塁』と『拡大』、ランナーには『ポジティブ』と『ネガティブ』。両者に共通するものとして『うかがい』。基本的には、サインはこの5つだけです」

こんな発想を持った指導者とは、初めて出会った。

「バントやゴロで進塁させるのか、打つことでチャンスを拡大するのか。ランナーは、ポジティブであれば積極的に次塁を狙い、ワンバウンドゴーも狙っていく。ネガティブであれば、けん制アウトやライナーゲッツーは絶対に避ける。ネガティブは、バッターに任せるような状況になります」

わかりやすい場面では、一死三塁で「進塁×ポジティブ」であれば、バッターはバントやセーフティスクイズ、ゴロ打ちなどを考え、ランナーはワンバウンドゴーやゴロゴーに備えたリードオフを取る。方向性だけは共有し、何の作戦をチョイスするかは選手自身に主導権を持たせている。

「このやり方にしてから、明らかに得点力が上がっています。選手自身ができるプレーを選ぶので、作戦が成功しやすくなります」

ただ、選手に任せていたら、自分ができるプレーしか選ばなくなるのではないだろうか。

「『苦手なことに向き合うことが、人としての成長につながる』という話を常にしています。練習試合のあとには、サインを出した意図を話したうえで、『あの場面では、もっとこういう選択もあったんじゃないか？』という問いかけをします。でも、それを選ばなかったのは、自信がなかったということ。その気持ちは十分にわかります。じゃあ、自信とは何か、という話を彼らにはしています」

日頃当たり前のように使っている言葉を、中学生の心に残るように、あえてわかりやすく伝えることにエネルギーを注ぐ。

自信とは、「自分を信じるための根拠の積み重ね」。それが、田島先生の考えだ。

「自信を持て！」という声がけをよく聞くが、積み重ねてきた根拠がなければ、気持ちだけではどうにもならない。すべては、試合に至るまでの自分自身の取り組みにかかっている。

言葉の意味を知ることで、理解が深まり、行動が変わる。

「よく話しているのが、『大変』の意味です。岡山市では、新チーム発足から大会まで1カ月しかありませんが、彼らには、『大きく変わると書いて〝大変〟と読む。大変な思いをしなければ、短期間では変われない。練習中に〝大変やな……〟と思うことがあれば、それは大きく変わろうとするチャンスのときだよ』と伝えています」

## 肩甲骨や胸郭の柔軟性を養う体操

動

守備指導

### 三列ランニングでスイッチオン

取材をお願いしたのは、4月中旬の木曜日。守備練習がメインの日だった。

終礼（16時）を終えたあと、最初に出てきた生徒は16時1分。そこから数秒ごとに、選手たちがグラウンドに走ってきた。背中には野球部のリュックを背負い、手には勉強道具を入れたカバン。見るからに重そうだが、それでも数秒を無駄にしないためにダッシュ。歩く選手はひとりもいない。

グラウンドに来た選手から、一塁側のベンチで着替え始めた。火曜のトレーニング日はジャージで活動するが、技術練習の日はユニホームを着用する。

「若い頃は、どんなときでもユニホームに着替えさせていました。伝統ある岡山東商で学んだこともあって、『野球はこうであるべき』という考えが、私の中に強くありました。

## 三列ランニング

でも、髪型も含めて、時代とともに変えていかなければいけないことはたくさんある。今は、『こだわらないことにこだわる』を大事にしています」

髪型は自由。校則の範囲内であれば、何でも構わない。

着替えを終え、道具を出し、練習が始まったのが16時10分。ライト側に一列に並び、グラウンドに挨拶。そこから、1メートルほどの長い棒を使った体操に移った（写真P192）。

「肩甲骨や胸郭の柔軟性を養うために、毎日やっています。成長期の中学生は、骨が伸びることで体が硬くなりやすいので、時間が短い放課後でも必ずやる。すべてのメニューをやっても、3分もあれば終わりますから。それに、授業でずっと座っているとどうしても体が固まってしまうので、体をほぐす意味合いもあります」

16時13分から、三列ランニング。足を揃え、声を揃える（写真P193）。外野を小さく3周。1周ごとにスピードを上げる。省いても良さそうなメニューにも思えるが、その意図を聞いて、納得した。

「放課後を迎えるまで、学校で先生から叱られたり、友達関係で悩んだり、生徒によっていろんなことがあると思います。そのモヤモヤした気持ちで練習に入ると、1時間があっという間に終わってしまいます。この三列ランニングで、野球に向かうスイッチを入れる。体の筋温を上げていくことより、全員の心をひとつにして、気持ちを上げていくことを重視しています」

以前には、着替えが終わった選手から、個別で走っていた時期もあったという。しかし、一体感がなかなか生まれず、三列ランニングに変更した経緯ある。時間的にも2分あれば終わること。全員で取り組むことで、一体感を高めていく。

16時15分。小刻みなステップ、切り返し、ストップ動作をメインにした、通称「ハーキー」（写真P195）。

「技術練習の日は、体を動かすための準備として必ず入れています。低い体勢でいかに速く動くか。メニューも大事ですが、選手同士でコーチングをして、動きを確認することを大事にしています」

ここに至るまで、田島先生が何か注意を入れるようなケースは一度もなかった。選手に任せ、少し距離を置いたところから見守っていた。

## メニューごとに担当選手を付ける

水分補給後、16時20分からキャッチボール。「目線合わせ」からスタートしたが、キャプテンが

## ハーキー

動

メニューの注意点を大きな声で全員に伝えていた。次のメニューに移ると、今度はほかの選手が注意点を伝え、そして次のメニューも別の選手が……。ポイントを共有する時間を設けていた。

「ひとつのキャッチボールメニューに、担当選手をひとり付けています。そのメニューにどのような狙いで取り組めば、技術が上がってくるのか。週末の練習試合を踏まえて、話の内容を変えている選手もいます」

狙いがわからずにやるほど、意味のない練習はないだろう。時間が短いからこそ、「何のためにやるのか」を明確にする。合計で10種類ほどのメニューがあるが、主なものを紹介していきたい。

## キャッチボール1　目線合わせ（写真P196〜197）

### ■ボールの裏側を覗き込む

うつ伏せで寝転がった体勢からスタート。投げ手は体を反らす勢いを生かして、高いツーバウンドのボールを放る（距離は7メートルほど）。捕り手は、ボー

ルの裏側を覗き込むように、下から上にグラブを使って捕球する。

「高校時代、『ボールの下半分を見なさい』という教えを受けましたが、実際にはなかなか見られるものではありません。でも、うつ伏せになれば、どんな選手でもボールを下から見ることができる。その感覚を得るための練習です。投げ手のトレーニングでもあり、体幹が強い選手は高いツーバウンドを放ることができます。1年生と3年生を比べると、その違いがよくわかります」

投げ手にも捕り手にも意味を持たせることで、一石二鳥にも一石三鳥にも広がっていく。

## キャッチボール2　ハンドリング（写真P198）

### ■グラブさばきを習得

4メートルほどの距離でパートナーと向き合い、シングルハンド、逆シングルハンドで捕球。ランダムな方向に投げられたボールを、ショートバウンド

でさばいていく。捕球までの時間が短い中であっても、瞬時にグラブの面をボールに向ける技術を習得する。

**キャッチボール3　グラブトス**

**■体全体でトス**

順手、逆手でのグラブトス。その名のとおり、「グラブを使ってトスする技術」であるが、ここに落とし穴がある。

「腕（グラブ）の力だけでやろうとすると、ボールが浮きやすく、スピードも出ません。体全体を使って、上ではなく、前方向に大きくグラブを使う。『相手の目線よりも低いトス』を、チーム全体での目標にしています」

**キャッチボール4　引き捕り・ハイライナー**

**■3Dの感覚を養う**

あえて、体の後ろでゴロを捕るための練習。

## キャッチボール4／ハイライナー

動

右利きであれば、左足を後ろに引くことによって、捕球スペースを後ろ側に広げることができる。

「子どもたちを見ていると、どうしても体の前でボールを捕ろうとしがちです。平面でしかボールを見ていないので、もっと立体的に3Dの視点を持ってほしい。そのための練習です。後ろでも捕れるようになれば、打球への対応は確実に広がっていきます」

この感覚は、送球やライナーへの対応にも生きてくる。

「味方の高い送球に対して、後ろに一歩下がれば、ボールとの距離が取れるために捕球の可能性が広がります。うちでは、『ハイライナー』と呼んでいるメニューがありますが、投げ手が捕り手の頭の上にボールを投げて、下がりながらジャンプしてキャッチする。その場でジャンプしても届かないボールでも、後ろに下がれば捕れる。これは、練習でやっておかなければ、できるようにはなりません。他校との〝差〟が出るプレーだと思っています」（写真P199）

ここに、田島先生のこだわりがある。正面に投げて、正面でキャッチするような基本的な動きは、キャッチボール

## キャッチボール5／握り替え

メニューの中にあえて入れていない。

「どんなプレーに、差が生まれるのか。差が出やすいプレーほど、時間をかけるようにしています」

多くのメニューから何を選び、捨てるか。優先順位を決めることも、指導者の力量となる。

**キャッチボール5　握り替え（写真P200）**

### ■吸着感を磨く

顔の前で、右手・左手交互にボールを持ち替える。できるかぎり速く、正確に。慣れてきたら、片目をつぶったり、両目をつぶったり、あえて難しい条件を作る。

「これをやり続けると、『吸着感』というか、手がボールに吸い付く感覚が磨かれていきます。落下するものを、上からパッと掴むのは、人間にとって苦手な動作です。あえてその状況を作って、瞬時に手を出す練習をしておく。最近の子どもたちは、転んだときに咄嗟に手が出ない……という話を聞いたことがヒントになっています」

## キャッチボール7／後方フライ

動

### キャッチボール6　タッグプレー

■逸れた送球への対応力

　よく見るタッグプレーの練習だが、他校との違いは、投げ手が左右に逸れた送球を投げるところにある。捕り手は足を使って捕り、足を使って架空のベースにタッグにいく。

「ストライク送球が来るのが理想ですが、試合の緊張感の中ではタッグしやすい送球が来る可能性のほうが低いと考えています。送球が逸れたときにどう対応するか。ここも、他校との差が出やすいところだと思います」

### キャッチボール7　後方フライ（写真P201）

■球際の強さを磨く

　投げ手は、捕り手の後方に高いフライを上げ、捕り手は後ろ向きに走りながらフライを追う。どんなに悪い体勢であっても、落ちてくるボールにグラブの面を向けることを覚える。

「イージーなフライを捕ることに、時間をかける必要はな

## ボール回し

動

いと思っています。難しい体勢で、球際の打球をいかにして捕るか。日頃から練習をしておけば、試合のときに咄嗟にグラブが出るようになるものです」

キャッチボールが終わったのが、16時34分。練習が始まってから、まだ24分であるが、意識と質の高さが十分に伝わってきた。「1秒たりとも」と書くとさすがに大げさだが、「1分たりとも」無駄にしない、意図を明確にしたメニューが組まれていた。

### ツーバウンドのフォースプレーがカギ

水分補給を挟み、16時36分から始まったのがボール回し。塁間の距離で16周、2分40秒が目標タイムになる。投げ手と捕り手の延長線上にバックアップに入り、ダブルエラーが起きないようにする（写真P202）。

・ノーバウンド送球（順回り×2周、逆回り×

2周）
・ワンバウンド送球&タッグプレー（順回り×2周、逆回り×2周）
・ツーバウンド送球&フォースプレー（順回り×2周、逆回り×2周）
・ランニングスロー&キャッチ（順回り×2周、逆回り2周）

特徴的なのがツーバウンド送球を入れていることだ。これも、他校との〝差〟が付きやすいところだという。

「中学生を見ていると、ワンバウンド送球の捕球ミスはほとんどありません。捕球ミスが起きやすいのが、ツーバウンドです。特に、M号に替わってから、ツーバウンド目があまり跳ねずに、速くなった印象があります。『パーン（ワンバウンド）、パンッ！（ツーバウンド）』みたいなイメージです。練習から、その跳ね方に慣れておく必要があります」

ランニングスロー&キャッチは、動いている野手に投げて、捕り手も動きながらキャッチする。本塁にいるキャッチャーは、三塁ベースから二塁方向に走り出したサードに投げ、捕球したサードは、二塁ベースから一塁方向に走り出したショート（あるいはセカンド）に投げる。そして、ファーストは、本塁から三塁方向に走るキャッチャーに送球。走るスピードを頭に入れながら、野手の少し前方向に投げる技術が必要になり、投内連携の3→1のプレーなどにも生きてくる。

ボール回しは2本勝負。タイムが切れなかったからといって、何度も続けることはない。1本目で切れなければ、その反省を生かして、2本目で改善をはかる。取材日は1本目で数秒オーバーしたが、キャプテンがチームメイトを集めて、意外な言葉を口にした。

「悪い内容ではなかったから、2本目もその意識で続けていこう！」

2本目、ランニングキャッチボールで外野まで抜ける悪送球が出たが、2分35秒でゴール。選手からは、「よっしゃ！」の声が上がった。今度は田島先生が、選手の前で口を開いた。

「大きなミスが出たけど、それでもクリアすることができた。試合でもミスが出ることはあるでしょう。でも、ほかのプレーでカバーができれば、勝つことはできる。一番ダメなことは、一度の失敗であきらめてしまうこと。そのことをよく覚えておいてほしい」

スマホの時計を見ると、16時49分。残り30分、ここから後半戦に入る。

## ミスが起きやすい状況を設定する

ここからは、週末の練習試合で起きた内野手のミスを取り出し、サード、ショート、セカンド、ファーストと、ポジションごとにその状況を再現する。内野手は本職のポジションに関係なく、すべての動きを学ぶ。

一塁側ベンチには、月曜日のミーティングの内容をまとめたホワイトボードが置かれ、守備の項目を見ると次の5点が記されていた（写真P２０５）。

- 三塁線の体の入れ方
- 三遊間へのゆるいゴロの入り方
- セカンドが二遊間を捕った後の送球
- セカンド前のゆるい打球

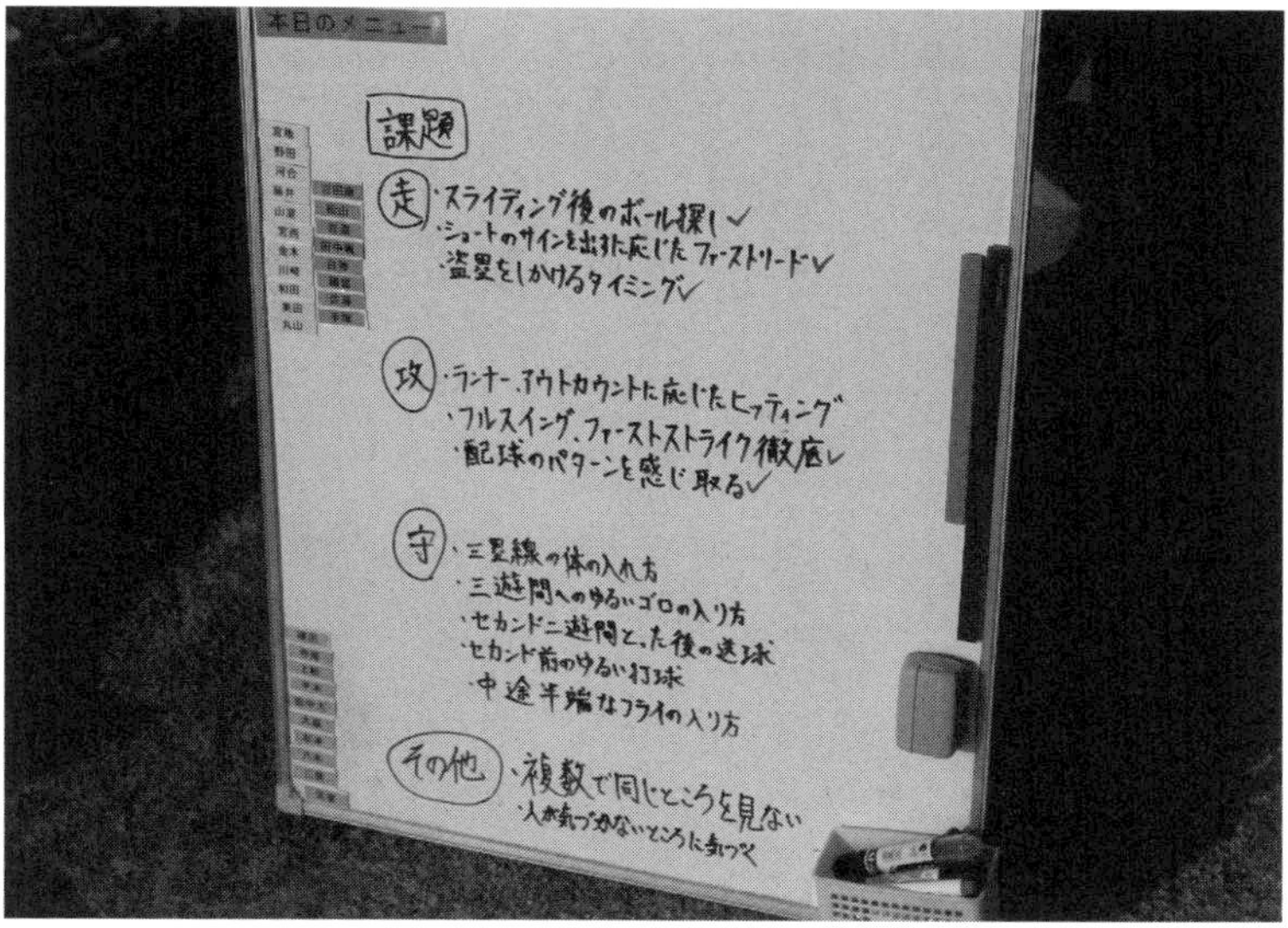


・中途半端なフライの入り方

「木曜日は、キャッチボール、ボール回しを終えたあと、状況を設定したセパレート練習の流れになっています。正直、10年近く中学生を見ているとわかりますが、エラーをしやすい打球はだいたい決まっています。サードであれば、ショート前の緩い打球をカットインして、ファーストに投げるプレーです。練習をしていないので、足の使い方がわからない。できないのではなく、捕り方を知らないだけ。練習をすれば、ミスの確率を減らすことができます」

　前任校では、若かった頃もあり、激しいノックをよく打っていたという。しかし、試合になるとエラーは減らない。「今振り返ると、私の自己満足だったのかなとも思います」と振り返る。

「御南中に来てからは、実戦を考えたノックや、手投げでのゴロ捕りが増えました。また、自分でノックを打っていると、子どもたちの動きを

## セパレート練習1／三塁線の強い打球

動

俯瞰的に見ることがなかなかできません。俯瞰的な視野を持つために、コーチにノックを任せて、私はノッカーの後ろから見る。そうすると、スプリットステップや一歩目の反応の仕方など、より細かいところまで見えるようになりました」

若い頃の苦い経験が、今の指導につながっているのは間違いない。

### セパレート練習1　三塁線の強い打球（写真P206）

**■三塁線を先に埋めにいく**

三塁線の打球は、三塁ベースが目に入ることもあり、非常に難しい。前の週の練習試合では、サードが中途半端に打球に合わせてしまい、後ろに逸らしたことがあったという。田島先生自ら、強めのショートバウンドを投げたあと、バットを手にノックを打ち始めた。

「三塁線を先につぶすイメージ！　腰を浮かせず、三塁線に素早く入る！　あとは右肩を入れて、マウンド側に落とす。強い打球であれば、ボールを止めることさえできればアウトになるから」

逆シングルで捕球する技術もあるが、それはまた別の機会に指導するとのこと。

なお、本職がファーストの左利きの選手も、サードの練習に加わっていた。実際にサードを守ることはないが、本職に関係なく、全ポジションを経験させているという。

「左利きはただでさえポジションが限定されるので、細かい足さばきやグラブさばきを身に付ける機会がどうしても少なくなってしまいます。そうならないように、さまざまなプレーを経験させてあげたいと考えています」

部員が少なくなれば、左利きであろうとサードや二遊間を守るケースも増えてくるだろう。利き手によって、ポジションを限定するのは、選手の可能性を狭めることにもなりかねない。

## セパレート練習2　サードカットイン（写真P208）

### ■投げ終わりで一塁ベースを踏む意識

中学生にとって、ミスが起きやすい打球のひとつ。サードとピッチャーの間に飛んだ緩い打球に対して、ピッチャーが捕球するも無理な体勢から一塁に投げて悪送球……。あるいは、サードが捕り切れず、ショートに任せるも内野安打。一塁への投げやすさを考えると、サードがカットインしたほうが、アウトを取れる可能性は高い。

「サードの見せ場です。コツとしては、投げ終わったあとに、横から横の動きを止めずに、そのまま一塁ベースを踏む感覚で足を回していくことです」

## セパレート練習2／サードカットイン

動

ノックを打ちながら、「うまいサードは投げ終わったあとに、マウンドを越えていく！　自分のプレーはどうかな？」と声をかけるシーンがあった。

### セパレート練習3　三遊間の緩いゴロ

**■足を回し続ける**

サードが緩い打球を捕り切れずに、ショートの三遊間寄りに転がった打球。斜め前に切り込みながら足を使って体勢を立て直し、ファーストに投げる（写真P209上）。

「強い打球であれば、右足で踏ん張って、体重移動で投げてもアウトを取れますが、緩いゴロは前に出てこなければアウトにできません。緩やかな円を描くイメージで打球に入り、投げ終わったあとも足を止めずに回し続けること。足を回す勢いを使えれば、送球も楽に放ることができます」

## セパレート練習3／三遊間の緩いゴロ

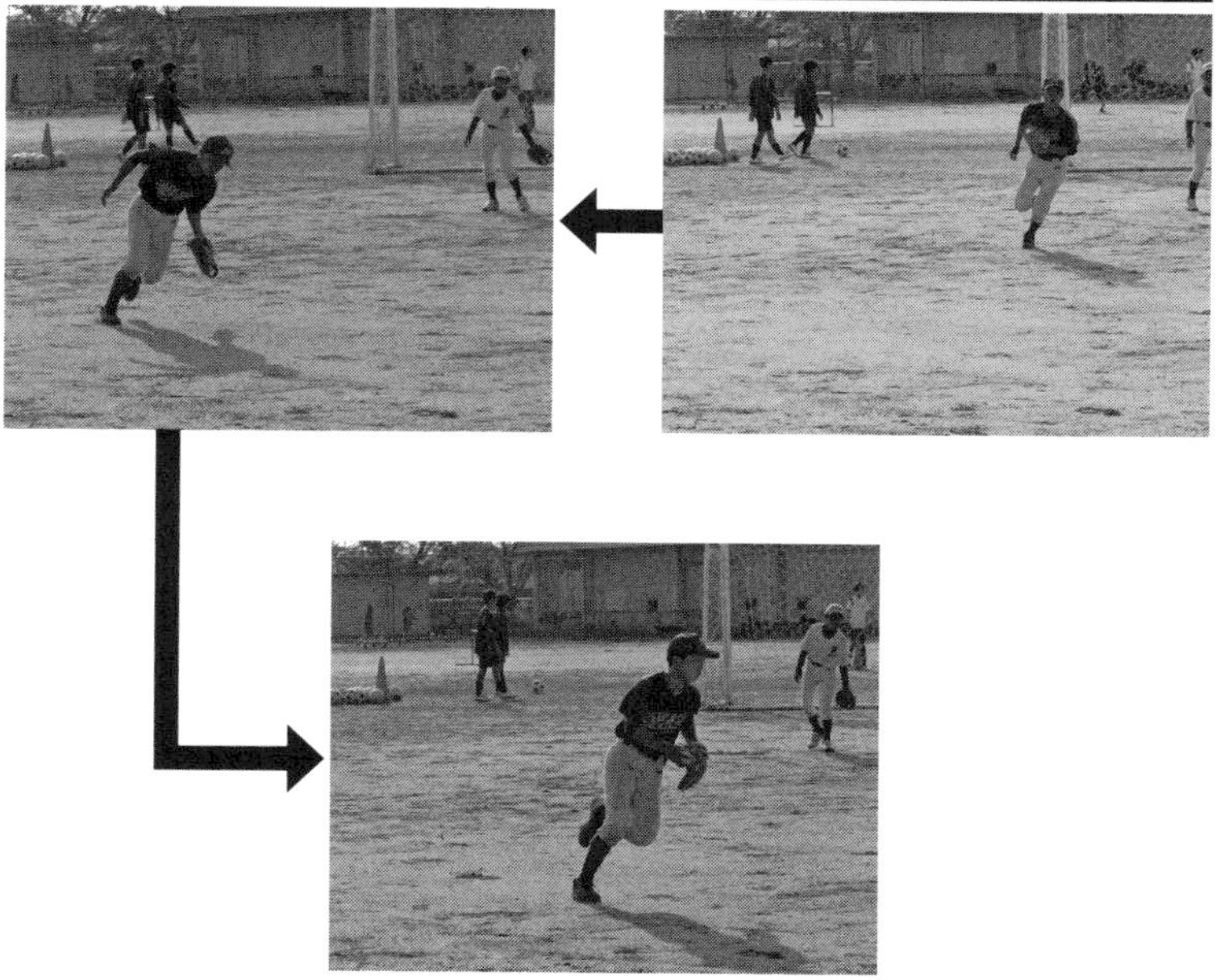

## 足を回し続ける

練習中、田島先生がマウンドの周りに選手を集めた。

「マウンドをぐるぐる回ってみて。右投げは左肩を下げながら、ぐるぐる回る。そうそう、もっと速く！　ボールを転がすから、捕ったあとも止まらずに回る！」（写真P２０９下）

再びショートのポジションに戻ると、選手の動きが見違えるように良くなっていた。

このあと、セカンド、ファーストに移り、セパレート練習が終わったのが17時16分。トレーニング、ミーティングを行い、17時半過ぎには荷物を持って、グラウンドをあとにした。

「本当はやれることなら、もっと練習をしたいですよ。でも、与えられた環境の中で成果を出すことも、指導者の役割ですからね」

複雑な想いもありながら、令和の時代に合わせた部活運営を目指している。

千葉・船橋市立葛飾中

# 長岡尚恭 監督

## 必ず伝えている「感謝の三原則」中学時代に多くの引き出しを身に付ける

長岡尚恭先生は、今年で59歳になるベテラン指導者である。2015年春には船橋市立船橋中を率いて、全日本少年春季軟式野球大会に出場した実績を持つ。高校野球で通用するための心技体を丁寧に指導し、多くの教え子が上のカテゴリーで活躍する。中学生期に身に付けてほしい心と、現役時代のポジションでもある捕手指導のポイントに迫った。

※取材時は二宮中。2023年4月から葛飾中に赴任

ながおか・なおやす　1964年4月3日生まれ、千葉県船橋市出身。八千代松陰高～淑徳大。現役時代はキャッチャーで活躍。26歳のときに船橋市の教員となり、法田中、大穴中、高根台中、市立船橋高（硬式野球部長）、船橋中、二宮中に勤務。2015年春に船橋中を率いて、全日本少年出場。2023年から葛飾中に異動。

## 丁寧な反復練習によって技術は身に付く

船橋中の監督時代に福山亮（東海大相模高～駒澤大～東芝）、福山慎吾（習志野高～中央大）の兄弟、二宮中に移ってからは紫藤大輝（東海大相模高～上武大4年）、川和田悠太（八千代松陰高～仙台大4年）ら、上のカテゴリーで活躍する選手を送り出している長岡先生。次男・秀樹は、八千代松陰から東京ヤクルトスワローズに進み、昨年からレギュラー遊撃手として活躍中である。

自身は、八千代松陰高、淑徳大でキャッチャーを務め、1990年から中学校の教員に就いた。およそ30年。社会の変化を直に感じながら、思春期、かつ成長期の中学生の指導に携わってきた。

「若いときとの一番の違いは、子どもができないことを許せるようになったことです。成長を待てるようになりました。それこそ若いときは、1日の練習の中で『できるまでやる』と考えていましたが、さすがに今の時代にそれを求めるのは酷。そこまでの時間をかけることもできません。2カ月、3カ月と地道に取り組む中での成長を見てあげられるようになりました。かつては、『何で、手を抜いているんだ』『やる気を出せ！』と怒っていたんですけど、手を抜くのもやる気が出ないのも、何かしらの原因があるもの。監督の指導力が足りていないのが原因かもしれませんし、教えがうまく伝わっていないから、野球そのものが面白くないのかもしれません。年を重ねてからのほうが、『このぐらいはわかっているだろう』という考えをやめて、丁寧に教えるようになったと思います」

指導の特徴は、反復練習にある。守備練習も打撃練習も、長岡先生が発案したオリジナルのドリルを日々繰り返す。1年中、メニューはほぼ変わらない。

「昔も今も大事にしているのが、同じことをどれだけ丹念に繰り返すことができるか。反復することで、体力が付き、技術も身に付いていく。それが、困ったときの引き出しになると思っています。中学時代にできるだけ多くの引き出しを身に付けさせてあげたいですね」

体力面で重要視するのは、走ることだ。「心肺機能が一番発達するのが中学生の時期です。ここで走ることをやらなければ、高校野球に入ったときに練習についていくことができません」との考えのもと、とにかくよく走る。「鼻呼吸を覚えてほしい」と、あえてマスクを着けて走ることもある（呼吸が苦しい場合には、自ら外して構わない）。

週末の練習は6キロのロードワークから始まり、放課後も校庭を3キロ走る（体のバランスを整えるため、野球のベースランニングとは逆の左回り）。ロードワークのときは長岡先生も一緒になって走り、学校周辺のゴミ拾いも並行して行う。もっとも練習していた船橋中の頃は、最低でも1日10キロ以上は走っていた。もちろん、長岡先生も一緒だ。

急がず、慌てず、成長を待つ。時間をかけて、野球選手としての土台を作ることが、高校以上での活躍につながっていく。

## 中学時代に身に付けてほしい「感謝の三原則」

1年生が入学した春、長岡先生が毎年のように伝える話がある。

「どの学校でも伝えているのが、『感謝の三原則』です。親に感謝、師に感謝、社会に感謝。この3つの感謝を忘れないように、日々生活することができれば、心は自然に育っていきます」

まずは、親に感謝。

「好きな野球を毎日、存分にさせてもらえている。親の存在なくして、好きなことに没頭することはできません。では、どうやって感謝の気持ちを表すか。難しく考える必要はなく、『ただいま』『行ってきます』『ありがとうございます』『いただきます』『ごめんなさい』『おやすみなさい』を素直に口にすることです」

そして、一生懸命に野球をやること。親はその姿を見るだけで嬉しいものだ。

2つ目が「師に感謝」。中学生の思考では「師＝学校の先生」となりがちだが、それだけではない。自分自身に何かを教えてくれる人、学びを与えてくれる人、すべてが「師」である。

「『我以外皆我師』という言葉を伝えています。年上、同学年、年下、年齢は関係なく、自分以外の人はみんなが師。そう思うためには、謙虚な心が必要になります。周りからのアドバイスをどれだけ素直に聞くことができるか。『鈍感は人間の最大の悪である』といった話もよくしています」

最後が「社会に感謝」。

「平和な社会、安全な社会、豊かな社会があるからこそ、中学校生活を送れているわけです。日本で暮らしている今、5分後に戦争が起きるなんてことはまずありません。それこそまさに社会に感謝ですが、中学生にとっては規模が大きすぎるので、イメージが湧きません。いつも言っているのは、『地域に感謝しよう』。地域の方々に感謝の気持ちを表すには、ロードワークのときにゴミを拾ったり、通学時に挨拶をしたり、中学生でもできる当たり前のことをしっかりとやる。学校のグラウンドをきれいに整備することも、地域への感謝を表す行動のひとつです。これまでの経験上、感謝の気持ちを持てない人間は、どんな技術指導を受けたとしても、なかなか身に付いていかないものです」

「感謝の三原則」を説いたうえで、目標にすべき生き方を伝える。

人のために汗をかける人間になる――。

「〝自分のため〟に頑張ろうと思っていては、『今日は疲れているからいいや』となりがちです。自分だけでなく、〝人のため〟にどれだけ汗をかけるか。それが、人としての評価につながっていくと思っています。高校の寮に入った卒業生の中には、なかなか思ったような活躍ができなかったときに、『人が嫌がることをやってみたら』とアドバイスを送ったところ、自主的にトイレ掃除を始めた教え子もいます。そういう話を聞くと、嬉しい気持ちになりますね」

若い頃から目標にするチームは、「思わず知らず、応援されるチーム」だ。家庭、学校、グラウンドでの取り組みのすべてが、ここに結びついていく。

## 思考力に優れた選手をキャッチャーに

ここからは、長岡先生によるキャッチャー指導のポイントを解説していきたい。キャッチャーは、ピッチャー以上に特殊性が高く、現役時代に守った経験がなければ、なかなか教えにくいポジションと言える。

野球人口の減少もあり、少年野球のときにキャッチャーを経験したことがない選手ばかり、というチームも増えてきた。そもそも、中学から野球を始める選手にとっては、どのポジションも初めての経験になる。チームにキャッチャー経験者がひとりもいない場合、長岡先生であればどのような視点で選ぶのだろうか。

「技術的に言えば、キャッチボールで指にかかったボールを投げられているかどうか。そのうえで、野球ノートの内容をよく見ています。野球ノートには、練習メニューなどを羅列するのではなく、野球に対する考えやどんな意識で取り組めば上達していくのかなど、思考の部分を丁寧に書くように指導しています。すべての選手に同じように伝えていても、選手によって理解度はまったく違うもの。これまでの経験上、自分の思考をわかりやすく書ける選手ほど、技術的にも精神的にも伸びていきやすいと感じます」

キャッチャーこそ、チームのためにも、人のためにも汗をかくことが求められるポジションだが、

**ドリル1／マスク当て** 動

最初に求めすぎると精神的にきつくなってしまうため、「毎日の練習で少しずつ成長していけばいい。いきなり多くは求めません」というスタンスを取っている。

## 1．捕球指導

### ドリル1　マスク当て

**■目をつむらずにボールを見る**

キャッチャー練習の最初に行うのが「マスク当て」。マスクを着けたキャッチャーに対して、マスクを狙って軽いトスを投げ入れる（写真P217）。当たる瞬間に目を開けておくのがポイントになる。二宮中では軟球を使っていたが、硬式テニスボールなどでも構わない。

「キャッチャー経験が浅い選手は、バットを振られたときに怖さが先にくるのか、どうしても目をつむってしまいます。目をつむると、ボールがどこに飛んだのか瞬時に反応ができなくなるだけでなく、空振りのときにボールを逸らすことにもつながります」

## ドリル2／手の平当て

動

最終的に大事になるのは、理屈ではなく、「慣れ」だという。「怖いものではない」とわかれば、ギュッと目をつむることはなくなる。

「軟式特有の小さなファウルフライに素早く反応できるようになれば、目をつむっていない証拠です。毎日10球程度で構わないので、繰り返し練習をすれば、必ず上達していくものです」

### ドリル2　手の平当て・ミット当て

**■人差し指の付け根に当てる**

素手で行う捕球練習。近い距離からトスされた緩い球を、手の平に直接当てて、下に落とす（写真Ｐ２１８）。人差し指の付け根（ミットの芯）で捕る技術を身に付ける。難易度が上がるのが、アウトコース、インコースへの対応だ。

「右打者の外のボールに対して、手の平をただ横にずらすだけでは、ボールの勢いに負けてしまいます。気持ちとしては、斜め前に手を出す（写真Ｐ２１９）。インコースに対しても、少し斜め前に出すことがポイントになります」

## ドリル2／手の平当て（右打者の外角）

素手で感覚を掴んだあとは、実際にミットをはめて、同じ動きを行う。長岡先生からは、「土手にこすらないように捕れるかどうか」と声が飛んだ。ミットの土手に当たるということは、人差し指の付け根ではなく、親指の付け根側で捕っていることになる。

■目で見える位置で捕球する

長岡先生は時折、キャッチャーが立ち上がらなければ捕れない高い球を投げ入れていた（写真P220上）。もちろん意図的に、だ。

「高い球に対して、自分の頭より前側で捕れるかどうか（写真P220下）。その練習です。頭の真上や後ろで捕ってしまうと、球の力に負けてしまいます。それに、目から見える範囲で捕りにくくなる。これは、アウトコース、インコースを捕るときと同じ理屈です」

高めであっても、目で見える場所で捕ることが捕球ミスを防ぐことにつながる。

## 高い球への対応

## 目で見える位置で捕球

## ドリル3　フレーミング

### ■捕球前に動かすか、捕球後に動かすか

ＭＬＢの影響を受けてか、「フレーミング」という技術が中学生・高校生世代にも広がっている。ストライクかボールか微妙な球を、キャッチング技術でストライクに見せる。ミットを下げて捕ってしまえば、球審の手は挙がりにくい。

「キャッチングで必要なのは、『ボールがここにきましたよ』とミットを落とさずに見せる技術です。そのためには、ギリギリのコースを捕る場合は、捕る前にミットを動かす技術も必要になります。捕ったあとに、ボールゾーンからストライクゾーンにミットを動かすのは技術ではありません」

たとえば、アウトコースの際どい球であれば、外のボールゾーンに置いたミットを、捕球のタイミングに合わせて内側にずらし、パチンと捕球する（写真Ｐ２２２）。はじめは極端にやったほうが、感覚を掴みやすい。

インコースの場合も考えは同じだが、ボールの勢いに負けないように、ミットをタテに使う。さらに上級テクニックとして、捕球のタイミングに合わせ、ホームベース側に体を寄せる方法もある。

「捕ったところは動かさずに、しっかりと球審に見せます。そのうえで、体だけストライクゾーンに寄せていく（写真Ｐ２２３）。アウトコースの球も、このテクニックが使えるようになると、際どい球でもストライクのコールが増えてきます」

球審の目を欺こうとしているのではなく、捕球点をよく見てもらうためのテクニックとなる。

動

## ドリル3／フレーミング

## ドリル3／フレーミング（右打者の内角）　動

■低めは拾い上げる

低めはどのように対応すればいいか。

長岡先生がおすすめするのが、ワンバウンドしそうな緩い山なりのボールを使ったキャッチング練習だ。地面に着きそうなボールを、ミットの網目（ウェブ）をうまく使って、拾い上げる。

「落下地点を予測して、ミットのウェブをあらかじめ下げておきます。捕ったあとに、左のヒジを軽く締める（写真P224、225）。そうするとミットが下がらずに、その場で止まったように見えます。これを自分の手を使って、下から上げようとすると、ミットの動きが大きくなり、わざとらしい動きになってしまいます。これでは、『ボール球をストライクに見せようとしている』と球審に思われ、なかなかストライクにはならないものです」

基本的な考えは、捕ったところでミットは止める。それ以前の予備動作が、ストライクかボールかのカギを握る。

## ドリル3／フレーミング（低め）

動

## 左ヒジを軽く締める

## 座る位置を歩測で確認

### 2. ブロッキング

**歩測で捕球位置を計測する**

続いては、ブロッキングのポイント。ストライクゾーンに要求しても、叩きつけたり、引っかけたりして、ワンバウンドを投げてしまうのがピッチャーというもの。コントロールが不安定な中学生の場合、その確率がまだ高い。キャッチャーとしては何とかワンバウンドを体で止めて、ランナーの進塁を防ぐことができれば、失点の可能性を下げることができる。

ブロッキングの練習に入るとき、驚いたというか、感心したことがある。

モデル役のキャッチャー(中村太紀/二宮中3年)がホームベースの頂点に立ち、キャッチャーボックスに向かって、歩測を始めたのだ(写真P226)。これまで、さまざまなチームの練習を見てきたが、歩測から入るキャッ

## 打撃妨害にならない捕球位置

チャーは初めてだ。長岡先生が、その意味を解説してくれた。

「バットが当たらない位置はどこか、ということです。バッターの立ち位置にもよりますが、おおよそ、ホームベースの頂点から6歩。そこに座れば、手を伸ばして捕ったとしても、ミットには当たりません（ミットに当たれば打撃妨害で出塁を許す）」

バッターボックスの捕手寄りのラインに、手がかからないぐらいの位置になる（写真P227）。

ではなぜ、ブロッキングの練習に歩測が必要なのか。

「ホームベースと自分が座る位置がずれてしまえば、どれだけワンバウンドを止める練習をしても、試合につながっていきません。ホームベースの位置は絶対に動かないので、そこからの距離感を常に把握しておく。それによって、試合につながる練習になります」

なお、試合でも守備に就くたびに歩測しているそう。見事な徹底ぶりだ。

## ドリル1　形作り

### ■手を動かしてから、体を寄せる

真ん中、インコース、アウトコースをイメージして、キャッチャーの前にボールをセット。正しい形を意識しながら、シャドウでブロッキングの姿勢を作る。

「内野手のドリルでも同じですが、形を作るときは、地面に置いたボールから始めます。動いているボールでは、どうしてもボールに意識が向くため、形への意識が疎かになりがちです」

技術的な大きなポイントは、「手から動く」だ。

これは、写真を見てもらったほうがわかりやすい。ボールに対して、手（ミット）で捕りにいってから、体を寄せるのが229ページ上の写真になる。一方、229ページ下の写真は体で止める意識が強く、ヒザの中にミットが入ってしまっている。体でミットを抱え込んでいるような体勢だ。

「地面に当たってから、体までの距離が遠くなるほど、弾く可能性が高まります。できるだけ、ボールとの距離を詰めたい。そう考えると、ミットで捕りにいったほうが理にかなっています。それにこのやり方であれば、ショートバウンドをそのままミットで捕れる場合も出てくる。止めるよりも捕ったほうが、進塁を防ぐことができます」

ブロッキングの目的は、ランナーを進塁させないことにある。たとえ、体で止めたとしても、大

## ○ ドリル1／形作り（手から動く）

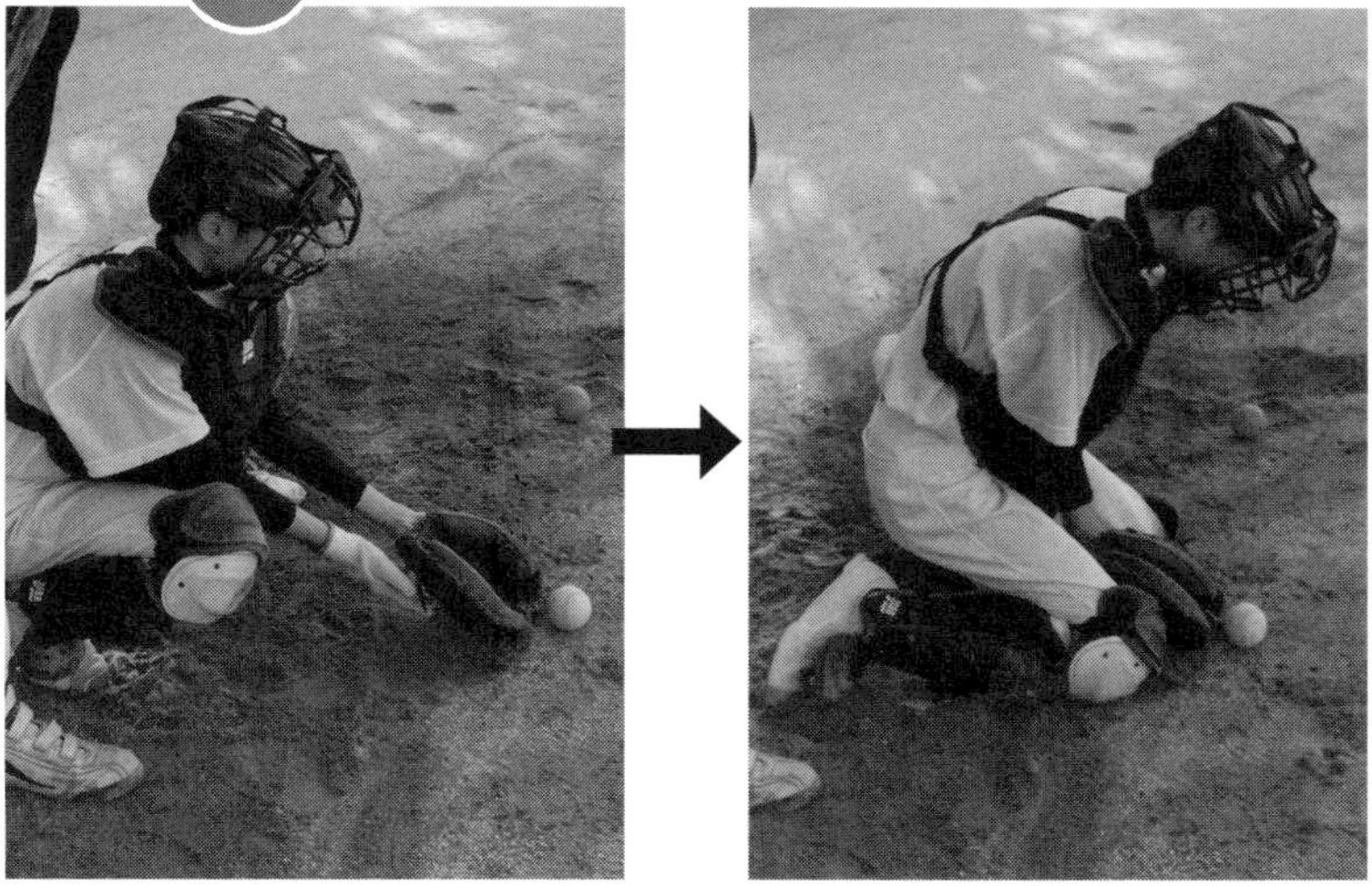

## × ドリル1／形作り（体で止める）

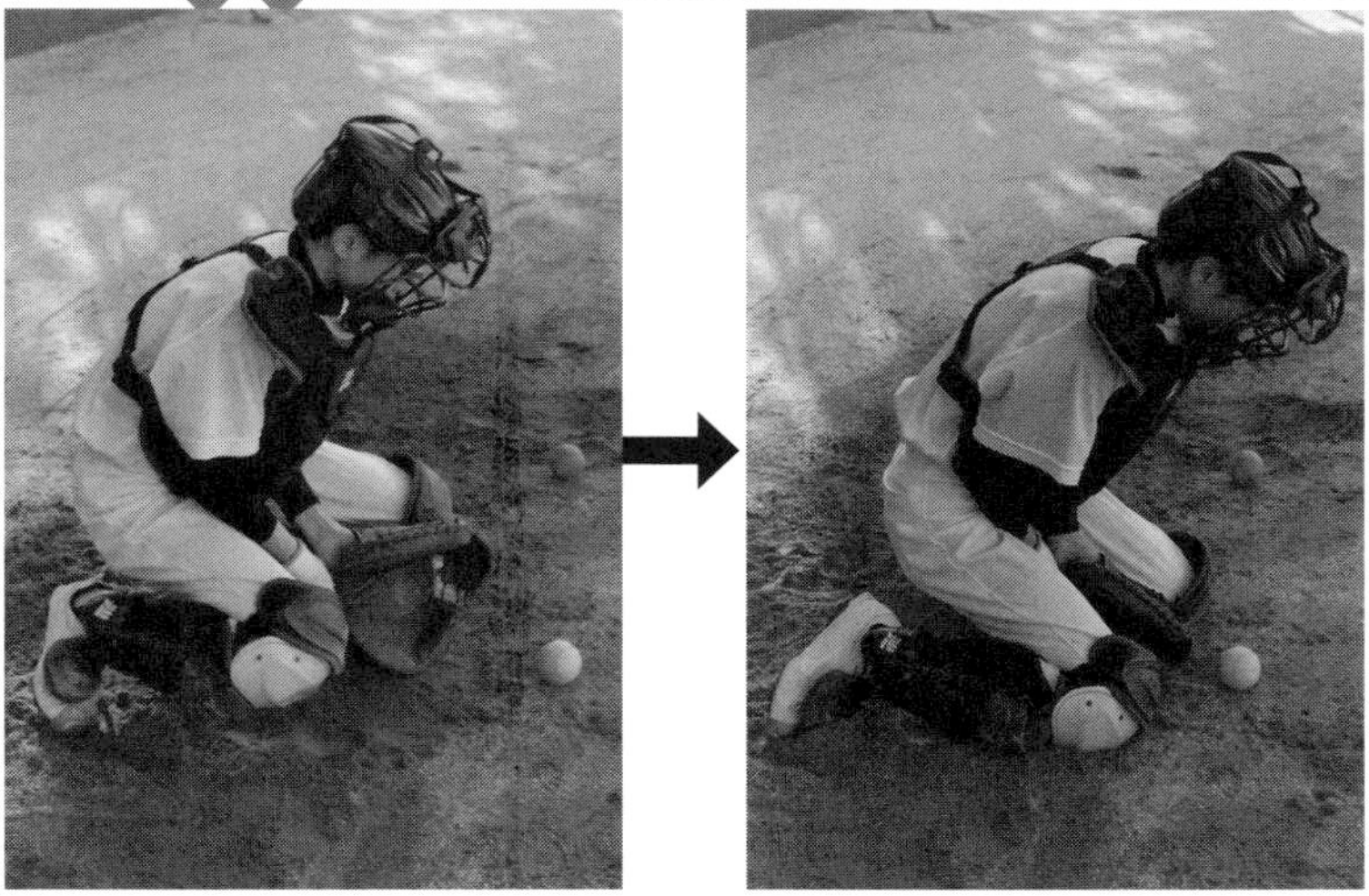

## ドリル1／形作り（股間のスペースをなくす）

動

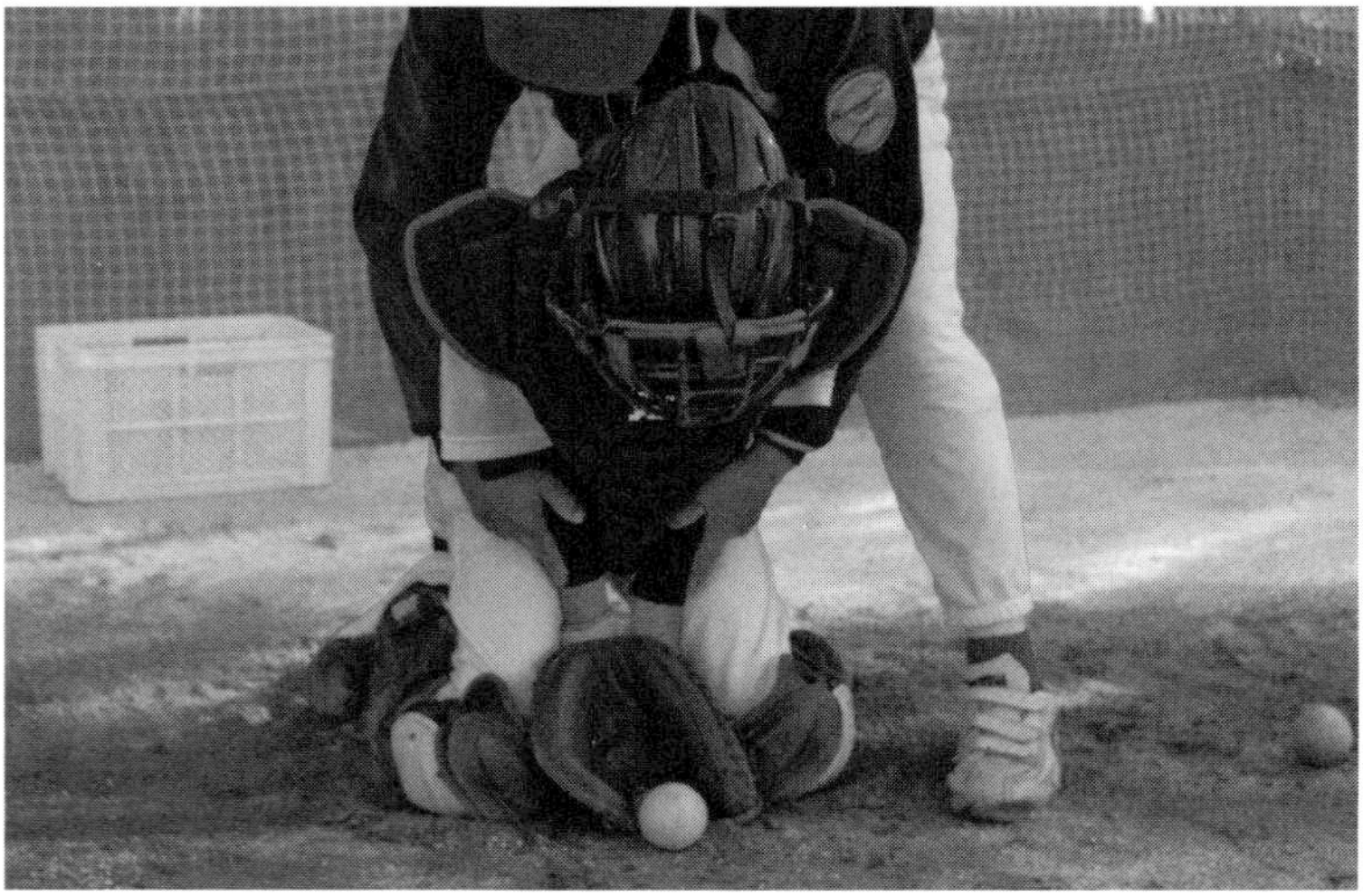

きく弾いてしまえば、進塁を許す。

「イメージとしては、『捕りにいって止める』です。『止めにいって捕る』では、捕ることは絶対にできません」

発想を変えることが、ブロッキング習得の第一歩になる。

### ■股の間のスペースをなくす

もうひとつの大きなポイントは、股の間のスペースをできるかぎりなくすこと。この隙間から後ろにボールが抜けるケースが多い。

「内転筋をグッと締めて、腕の幅も使って、空間をつぶす（写真P230）。中学生はまだ体が細いので、腕だけで隙間を埋めるのは難しいですが、両ヒジを絞り込むようにして、真ん中の大きな空間をなくすことが重要です」

さらに、目線も大事になる。ボールへの怖さがあると、目をつむったり、顔を背けたりしがちだが、これではボールがどこに跳ねたかわからない。顔を背けることで、喉仏のところにボールが入る可能性もあり、試合途中で交代せざるをえなくなる。

自分の目で、バウンドの地点をしっかりと見ること。目で見る意識を持てば、自然にアゴが引かれ、喉にボールが直撃するのを防ぐことができる。

また、ボールへの恐怖心から体に力を入れてしまう選手もいるが、これも逆効果。体が硬くなれば、ボールはより遠くに跳ねてしまう。ボールを止めにいくときには、息を吐いて、体の力を抜いておきたい。

## ■横のボールにはヒザを支点にターン

横に逸れた投球であっても、「手が先で、体はあとから」の考えは変わらないが、体を横に移動させなければ、ブロッキングの体勢が作れない。

練習の段階では、あえて足を横に伸ばした体勢からブロッキングに入る。自分の左側を止めるときには、左足を伸ばして、左ヒザを地面に着け、左ヒザを支点に体を回す（写真P232〜233上）。半円を描くようなイメージで動いたほうが、体の外に弾くのを防ぐことができる。

もちろん、試合になれば、足を伸ばす時間など取れない。どのように対応するか。

「キャッチャーにとって一番難しいのが、自分の右側に逸れたワンバウンドです。ミットだけで捕りにいくと、ボールとの距離がある分、どうしても後ろに逸らしてしまいます。ミットで捕りにいきながらも、その動きと一緒に体を持っていく。そのためには、右の股関節に体重をずらすこと。

動

## ドリル1／形作り（足を伸ばして対応）

## ドリル1／形作り（股関節をずらして対応）

CHIBA

このずらしの動作ができないと、右側のボールに体を持っていくことはできません（写真Ｐ２３２～２３３下）」

いつもボール受けているピッチャーであれば、「右バッターのアウトコースに要求したスライダーはワンバウンドになりやすい」など、ある程度の傾向が見えてくるもの。気持ちのうえで、ワンバウンドを止める準備をしておくことも必要になる。

## ■投げる方向を示して練習する

止まったボールで形を磨いたあとは、７メートルほどの距離から軽いワンバウンドを投げ入れる。長岡先生は「次は右に投げるよ」と手で示してから、投げ入れていた。

「ランダムにいろいろなコースに投げるのは、基本的な形ができてからの話です。いきなり意地悪なことをやると、形が身に付くまでに余計な時間がかかってしまいます」

応用編としては、投げるコースを示したうえで、バウンドの場所を変える方法がある。正面であれば、ホームベースの手前（投手寄り）でバウンドさせるボールや、あえてノーバウンドの球を入れる。そうすることで、反射的にブロッキングの姿勢を作るのではなく、ボールに応じた捕球姿勢を身に付けることができる。

## 3. スローイング

## 軍手で指のかかりを改善

「捕る」「止める」の次は「投げる」。盗塁を阻止できず、相手に主導権を握られてしまうのは、「中学生あるある」と言っていい。肩に自信がないのであれば、フットワークで勝負をしていく。それが、長岡先生の教えとなる。

かつても今も、「投げる」練習の中で徹底しているのが、利き手に軍手をはめることだ。キャッチボールでも、内野守備のドリルでも、当たり前のように軍手を着ける。

「指のかかりが悪くても、表面がゴム製の軟式はごまかして投げられてしまうところがあります。それが、軍手を1枚はめることによって、指にかかっていない選手は自分の右側（左利きは左側）にボールが抜けてしまう。軍手を着けた状態でしっかりと投げられるようになれば、軍手を外したときにはもっとスピンがかかったボールがいくようになります」

軍手をはめたキャッチボールは15年以上前に、流行した記憶があるが、最近はめっきり減った。長岡先生がずっと続けているということは、それだけ高い効果を感じているからと言えるだろう。

## 第一関節を縫い目にかける

とはいえ、ボールの握りが間違っていれば、軍手を使ったところで指のかかりが良くなることはない。1年生が入学した段階で伝えるのが、握りの重要性だ。

人差し指・中指の第一関節を縫い目にかけて、曲げた薬指の内側をボールに沿わせる。親指は、

## ボールの握り方

関節をしっかりと曲げて、ボールの真下に持ってくる。人差し指・中指・親指で二等辺三角形を作るイメージとなる（写真P236）。

「関節で握ることができれば、手首を振ったときにもボールが飛び出すことはありません。握れていない子は、ボールが飛び出してしまう。それだけ不安定な握りをしていることになります。特に気を付けてほしいのは、親指です。親指の腹で握り、かつボールの側面に置くと、どうしてもスライダー回転になりやすい。指のかかりが悪い選手の多くは、こうした握りに原因があります」

さらに、盲点になるのが薬指だという。手の平を開いた状態から薬指の関節を曲げると、その動きにつられて中指も曲がる。

「ボールを最後に切るのは中指です。薬指を曲げておくことで、中指で回転をかけることができる。子どもたちの握りを見ていると、中指がボールから外れている選手もいるので、そこは見逃さないように指導する必要があります」

## トップで蓋をする

スローイングの指導中、長岡先生が「蓋をして」と選手に声をかける場面が何度かあった。あまり聞き慣れない言葉だが、どんな意味があるのか。

「ボールを捕ってから割りを作るときに、左手と右手の平を地面に向けるように教えています。それが、蓋をする動きで、私の中ではこれがトップの位置（写真P241、243参照）。かつては、『ヒジを上げて、耳の横に持っていきなさい』という教えが主流でしたが、これを意識させすぎると、ヒジだけを上げようとして、体に負担がかかる投げ方になることがあります。トップは低い位置で構わない。体が回旋する動きに伴って、ヒジは自然に上がってくるものです」

たしかに手の動きを見ていると、「蓋をする」という表現がしっくりとくる。

## リリースはゼロポジションの位置

キャッチボールに入る前には、必ずゼロポジションを確認する。前方に目線を向け、頭の後ろに両手を置いた状態から、ヒジを動かさずに腕を伸ばした位置となる（写真P238）。この位置が、リリースポイントの目安となる。

「毎日確認させていますが、あるときに気づいたことがあって、多くの選手が下を向いていて、頭が下がっていました。これだけで肩甲骨の位置が変わり、ゼロポジションがずれて、本来の位置よ

ゼロポジションの確認　動

りも後ろにきてしまう。そうなると、ボールが高めに浮きやすい。それに気づいてから、最初の目線を大事にするようになりました」

目線を前方に向け、頭を下げないこと。些細なことかもしれないが、これがコントロールのずれ防止につながっていく。

**体重移動で投げる**

スローイングで重視するのが、体重移動とフットワークを使って投げること。よほどの強肩であれば、ノーステップでも強い球を放れるが、そこまで投げられる中学生は稀。基本を身に付ける意味でも、下半身の動きを重要視している。

体重移動がしやすいように、右足のつまさきと左足の踵を真っすぐに揃えて座る（右足を少し後ろに引く）のが基本姿勢。さらに、ミットの後ろに右手を置き、ボールを持ち替える時間をできるだけ短くする。後ろに置けば、ファウ

## ドリル1／棒シャドウ

動

ルチップが当たることもない。

　この基本姿勢から、左足のつまさきを上げて、つまさきを下げる動きを体重移動のきっかけとして、二塁方向に力のベクトルを向ける。右足は体の中心（股間の真下）に踏み込み、軸を作ってから、左足を送球方向に真っすぐ踏み込んでいく。

　最近は、左足を一歩踏み出し、右足を左足側に寄せてステップ（「L字ステップ」とも呼ばれる）するキャッチャーも増えているが、長岡先生曰く「どうしても、右打者のときに投げにくい」。左足はつまさきの上げ下げだけで対応し、右足は体の中心に踏む。その教えを徹底している。

### ドリル1　棒シャドウ（写真P239）

**■軸足に乗せる感覚を掴む**

最初はボールを使わずに、軽めのシャフトを肩に担いた状態からのシャドウスローで一連の流れを体に覚え込ませる。

地面に置いたトンボを目印に、右足を後ろ、左足を前に置き、右足のつまさきと左足の踵が真っすぐ揃うように座る。上の写真に見える白線は、本塁のド真ん中からキャッチャー方向に真っすぐ引いたもので、このラインが右足を踏み込む目安となる。

左足のつまさきを上げ、つまさきを下ろすタイミングで体重を移動させ、右足をライン上に踏み出す。トンボを越えようとすることで、右足で「ドン！」と踏む感覚が得やすい。このとき、右足のヒザがつまさきよりも前に出ると、筋力の弱いヒザ関節に体重がかかるため注意が必要。ヒザ関節ではなく、軸足の股関節に体重を乗せる。半身の体勢になったあとには、左ヒザを右ヒザの内側に意識的にぶつけてから、左足を踏み込んでいく。

「左ヒザを右ヒザにぶつけようとすることで、右足にしっかりと体重を乗せてから、二塁方向に体重を移していくことができます。『早く投げたい』と思うと、右足に乗りきる前に投げにいってしまい、頭が突っ込み、利き手が頭から離れ、結果的に送球が逸れることになります」

まずは、基本動作を丁寧に繰り返すことが大事になる。左足を踏み込んだあとは、左の股関節に体重を乗せ、そこを支点に体を回旋させる。フィニッシュでは、左足の股関節に体重を乗せ切る。シャフトを使うことで、体をヨコではなく、タテに使う感覚も掴みやすい。

## ドリル2 後方トス・真横トス（写真P241、243）

### ■体重移動の動きを覚える

## ドリル2／後方トス

動

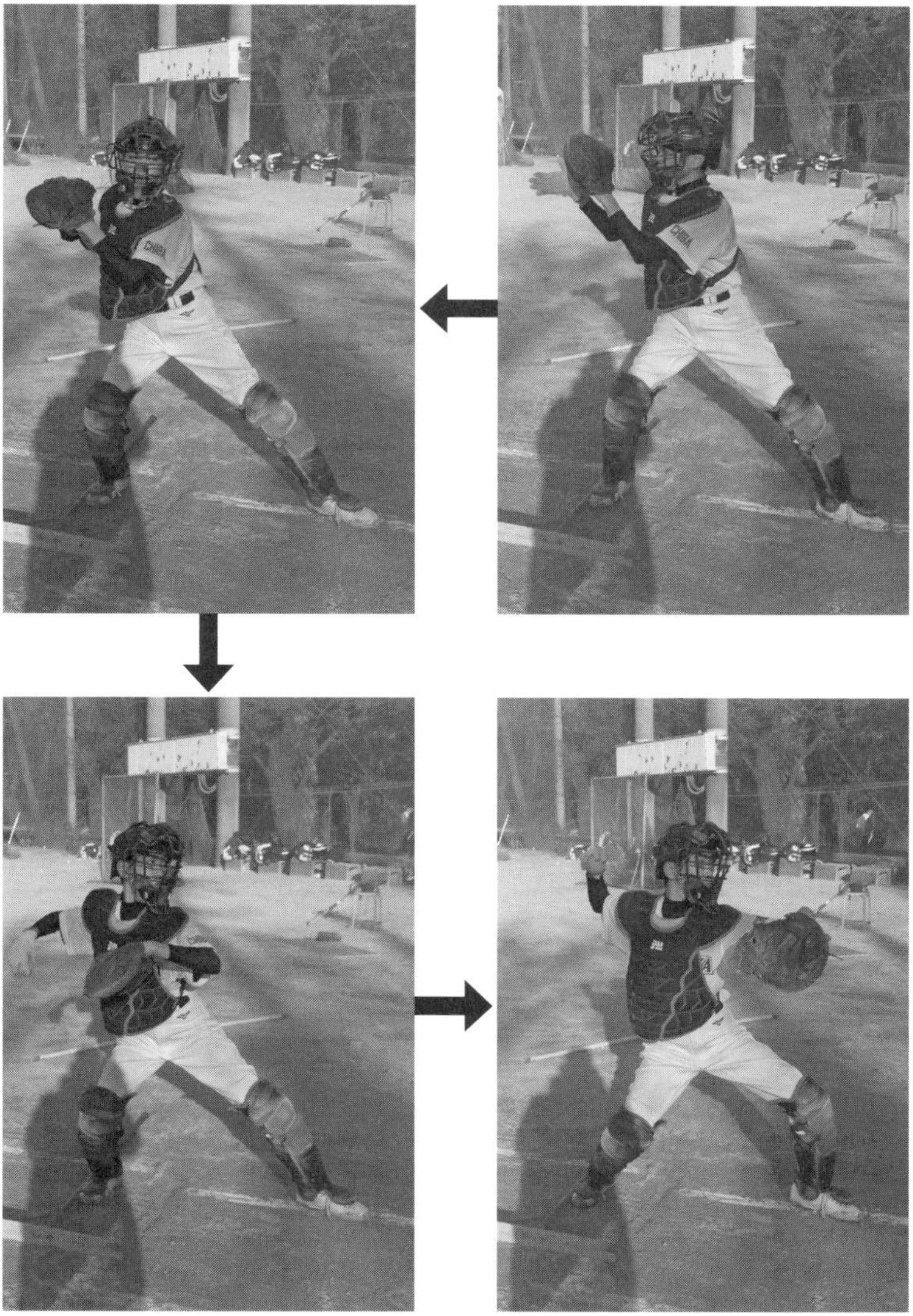

両足をステップ幅に開いた半身の体勢から、後方・真横からのトスを捕球し、二塁送球にまでつなげる。

再びトンボを活用するが、ここではピッチャーが使うプレートと同じような役割を担う。241ページと243ページの写真で注目してほしいのは、足の踵側とプレートが平行になるように合わせていることだ。

『投げたい方向にくるぶしを向けなさい』という教えがあります。私もそうやって教えていた時期があるのですが、くるぶしを向けようとすると、プレートとスパイクの外側に空間が生まれやすい。ということは、この時点で方向性がずれてしまっているんです。それがわかってからは、くるぶしを向けるのでなく、『スパイクの踵をプレートにくっ付けるように』と教え方を変えました」

実際の試合では、キャッチャーボックスにプレートは存在しないが、架空のプレートをイメージして、軸足の向きがずれないような意識を持っておく。

後方・真横ともに体重移動を身に付ける狙いがあり、捕球したあとにすぐに体を回旋させるのではなく、前足の股関節に体重を移動させる動きが重要となる。また、回旋運動時は、右足の膝をギュッと内側に入れ込むことで股間が締まり、前足の股関節に乗る感覚を得やすくなる。

## ドリル3　正面トス

### ■捕球と右足のタイミングを合わせる

ピッチングと同様の角度から、緩いトスを捕球し、スローイングに移る。ドリル1のときと同じく、

## ドリル2／真横トス

動

## ドリル3／正面トス　動

足元にトンボを置いておく。立ち姿勢で動きを確認したのち、キャッチャーの座り姿勢でフットワークを覚えていく（写真P244）。

長岡先生から盛んに飛んでいたアドバイスが、「合わせて、合わせて！　捕球と右足を出すのが一緒！」という言葉だ。完全に一致させるのはなかなか難しいが、合わせようとすることで捕球から送球の動きが速くなるという。

「キャッチボールのときから、『捕球と右足のタイミングを合わせるように』と指導しています。このほうが、捕ると同時に投げる準備に入れるので、動きが速い。左足で合わせたほうが勢いは付けやすいですが、ワンテンポ遅れやすくなります」

## ドリル4　一塁スローイング（写真P245）

### ■右足をその場で踏みかえる

二塁スローイングの練習に比べると、一塁や

## ドリル4／一塁スローイング

動

三塁へのスローイング練習は少ないチームが多いのではないだろうか。各塁へのスローイング技術を身に付けることが、相手の足を封じ、勝利を手にすることにつながっていく。

一塁スローイングで難しいのが、左打者が打席の一番後ろ（キャッチャー寄り）に立っているときだ。キャッチャーからするとどうしても投げにくさを感じ、苦手意識を持ちやすい。二宮中ではイスの上にボールカゴを乗せた架空のバッターを立たせ、練習を繰り返す。

足元にトンボを置き、左足のつまさきの上げ下げで体重移動のきっかけを作るのは、ここまでの話と同じだ。二塁送球時と違うのは、右足をステップする位置にある。本塁方向に踏み出すと、左バッターが邪魔になるため、右足はできるかぎりその場に踏み、体の向きを変える。この技術を覚えれば、左バッターの後ろから送球ができ、苦手意識も払拭されていく。

## ドリル5　三塁スローイング（写真P247、248）

### ■インコースはバックステップ、アウトコースは斜め前へ

今度は三塁へのスローイング。右打者がキャッチャー寄りに立った状況を想定し、インコースとアウトコースで足のステップを変える。

インコースの場合は、バックステップで対応する。右足を左足の後ろに踏み出し、右打者の背中の後ろから送球する。キャッチャーボックスの外に出るぐらい、大きく踏み出して構わない（写真P247）。中途半端なステップでは、右打者が邪魔になってしまう。

ただし、大きく踏み出そうとすることで、捕球姿勢からすぐに体が起き上がり、軸足の股関節に

## ドリル5／三塁スローイング（右打者の内角）

動

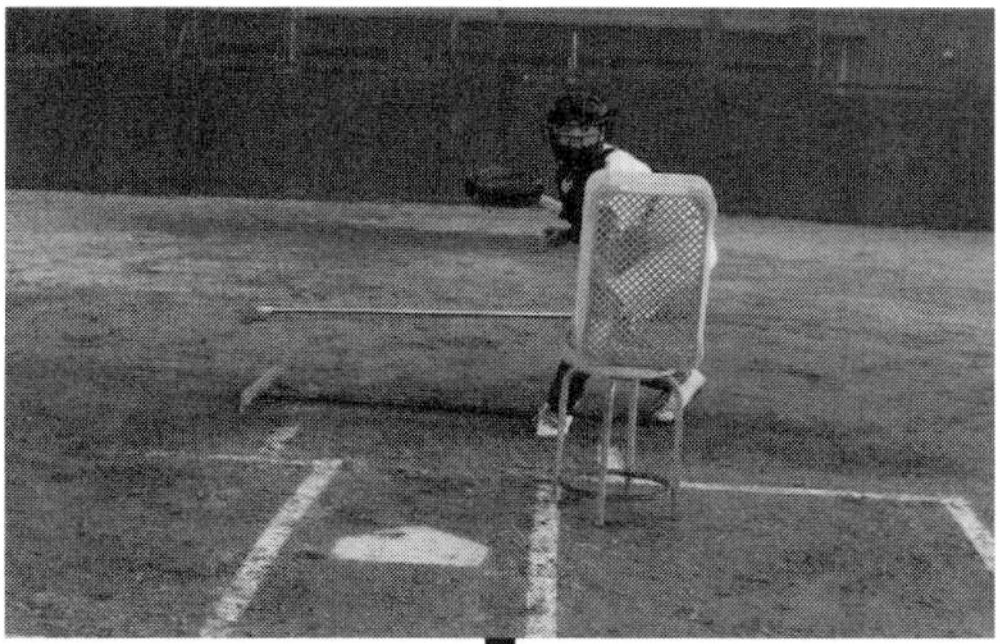

## ドリル5／三塁スローイング（右打者の外角）

動

体重が乗り切らずに投げてしまう恐れがある。これが高い悪送球となり、三盗の場合は即失点につながる。それを防ぐために、長岡先生のアドバイスは「ミットを捕ったところで置いておきなさい」。ずっと置いておくことは不可能だが、少しでもミットを残そうとすることで、低い重心のまま体重移動に入ることができる。

アウトコースの場合は、バックステップで対応すると右打者が邪魔になる可能性があるため、斜め前にステップ。斜め前とは、左打席のキャッチャー寄りの白線だ。このラインを目安に右足を踏み出し、半身の体勢を作り、投げ終わりで前足の股関節に乗り切る（写真P248）。

## 中学時代に引き出しを増やしておく

冒頭でも紹介したが、「中学時代にできるだけ多くの引き出しを身に付けさせてあげたい」という考えが、長岡先生の根底にある。だからこそ、2種類の三塁スローイングなどの高度なプレーであっても、中学生の時期に丁寧に教え込む。

本塁のタッグプレーも同様に、細かい技術を伝えていた。ホームベースの左側を空けて立つことを大前提としたうえで、自分の正面から左側の送球はそのままタッグにいくが、右側に逸れた場合は送球の勢いを利用して、右回り（時計回り）でタッグにいく。そして、ホームベースの左端（三塁側）を舐めるようにして、ミットを入れていく。瞬時のクロスプレーになったときに、この端を狙って滑り込むランナーが多いからだ。

二死二塁でショートゴロ。ショートからファーストに送球が渡り、スリーアウトチェンジになったとしても、ファーストはキャッチャーに送球し、二塁走者の本塁突入を食い止める練習をする。キャッチャーは送球に合わせて、もっとも速いタッグの仕方を選択し、タッグプレーまで完了させる。

こうしたプレーを地道に繰り返すことが、勝負所でのビッグプレーにつながっていく。

うまくなりたければ、丁寧に地道に練習を重ねること。これ以上の近道はない。

静岡・富士市

# 上山友来 先生　遠藤文昭 先生

## 合同チームを運営する大変さ
## 意思疎通を大切に、気持ちをつなげたい

部員数の減少によって、合同チームが増えている中学野球部。平日は別々に活動し、週末に合同で練習や試合を行う。一緒に過ごす時間が少ないため、単独チームとはまた違った難しさがある。2022年春に吉原東中・吉原三中を率いて、全日本少年に出場した遠藤文昭先生と上山友来先生に運営のポイントを聞いた。

えんどう・ふみあき　1983年7月14日生まれ、静岡県富士市出身。富士高～文教大。高校時代はスラッガーとして活躍し、通算40本超。大学時代は、マルユウベースボールクラブでプレー。卒業後、富士市の教員となり、富士南中、吉原東中に勤め、2023年4月から吉原三中に異動。平日週1回、小学生を対象にした練習会も開いている。

うえやま・ともき　1984年2月15日生まれ、和歌山県紀の川市出身。富士宮西高～神奈川大。大学卒業後、予備校に4年間勤務したあと、中学校の教員を目指すために退職。28歳から公立中の教員となり、富士中、富士川第一中、吉原第三中に勤める。2023年4月から富士南中に移り、現在は剣道部の顧問。

## 合同チームは強くなるからずるい？

市内のあらゆるところから、雄大な富士山を望める静岡県富士市。２０２２年春、吉原東中の遠藤先生（監督）と、吉原三中の上山先生（部長）がタッグを組み、部員14名（ともに7名ずつ）で全日本少年軟式野球大会出場を果たした。

（＊取材時は遠藤先生が吉原東中、上山先生が吉原三中に勤務／取材後、２０２３年4月から遠藤先生が吉原三中、上山先生が富士南中に異動）

学年1クラスの小規模校である吉原東中に対して、吉原三中は学年3クラスの中規模校。徒歩15分の距離にあり、合同を組んで4年目となる。両校は、２０２４年度から編入統合することが決まっている関係で、現在は「合同部活動」としての活動が認められている。

「東中は学年1クラスしかないので、野球部は常に9人を切っています。6年間、吉原東中に勤めましたが、これまで3つの中学校と合同チームを組んできました」

地元の名門・富士高出身の遠藤先生。高校通算40本近いホームランを放つスラッガーだったそう。富士宮西高出身の上山先生とは同学年で、高校時代は冬のたびに合同練習を行う関係で、その頃からよく知る間柄だった。

２０１７年に吉原東中に赴任してから、市内の岳陽中、富士中、２０２０年からは吉原三中と合同を組んできた。このような経験をしている指導者も、全国でそうは多くないだろう。それだけに、合同チームのメリットもデメリットも感じているはずだ。

「さすがに今は、合同が増えてきたこともあって言われることはありませんが、2017年当時は『合同チーム＝人数が増えて強くなるのがずるい』という見方をされることがありました。勝っていくと、何とかして合同を分かれさせようとする動きが出てきます。〝補強〟だと思われていました。でもそれは、合同を持った経験がない人の発想で、戦力がアップする以前に、大変なことのほうがずっと多いと感じます」

合同チームの規定は年々少しずつ緩和されていて、中体連の大会においては、9人以上いる学校（プラス）に、9人に満たない学校（マイナス）が加わることが認められている。以前は、マイナスとマイナスの学校しか組むことができなかった。

また、秋の新チームの時点で合同を組んでいても、春に新入生が加わり9人以上になると、解散しなければいけないケースもあった。今は、地区によって細かい規定があるが、基本的には秋に合同を組んでいれば、春夏も合同のまま大会に出場できるようになっている。

## 何より難しいのは意思疎通

遠藤先生が考える、合同チームの大変さとは何か――。

「いや、もういっぱいありますよ。ありすぎます」

取材に際して、これまでの経験をまとめたレジュメを用意してくれていた。そこから、上山先生の話も交えながら、合同チームを作るうえでの要点を紹介していきたい。

### 1．両校の意思疎通を図る

### 指導者同士で毎日電話

週末しか会うことができないのが、合同チームの一番の難しさ。授業の様子もわからなければ、放課後の練習の様子もわからない。

「これは本当の話なんですけど、上山先生に毎日電話していました。週末の練習でちょっと厳しく叱った生徒がいたら、その子の様子を聞くなど、もういろんなことを話しています。高校生の頃からよく知っている関係なので、変な気を遣わずに言いたいことを言えるのはありがたいです。ぼくは感覚や感情を大事にするんですけど、上山先生はいつも冷静で緻密。欠点を補ってくれる名ヘッドコーチです」

上山先生から見た遠藤先生は——。

「遠藤先生がイニシアチブを取ってくれるので、やりやすいです。複数の顧問が関わるときは、誰かひとりが主導権を握って、チーム作りを進めたほうがうまくいくと思います。ただ、合同を組んだ1年目は、監督である遠藤先生に自分が遠慮して、引きすぎてしまうことがありました。それをすごく後悔したので、2年目からは思ったことを遠慮せずに伝えるようにしました。結果的には、そのほうがチームはうまく回っていると思います」

全日本に出場したときは、遠藤先生が監督を務めていたが、2022年秋の新チームでは上山先生が指揮を執ったこともあった。

「基本的な考えは、部員が多いほうの学校の先生が監督をやる。自分の学校の生徒のことのほうがよくわかっているので、そのほうが、チームはうまく回っていくと思います」（遠藤先生）

当然、試合中のサインは監督が出すことになる。

## 自校の選手には自校の監督がサインを出す

一方で、こんな考えもある。

私が主宰しているオンラインサロン（P284参照）で、合同チームの作り方が話題に上った。そのとき、2020年の3月まで川口市内の中学校を率いていた酒井顕正先生（現・川口市立高校野球部顧問）から、「自チームの選手に対しては、自チームの監督がサインを出す。そのほうが、その選手の良さを発揮することができる。それに、いつも出しているサインのやり方であれば、サイン間違いを防ぐことができます」といった主旨のコメントがあった。

酒井先生が、2011年に戸田市立美笹中に勤めていたとき、同じ市内の笹目中（廣川隼志先生）と組み、美女木BBクラブを結成。第17回AA埼玉県中学生野球大会で優勝を果たした。美笹中の選手が打席に入れば、酒井先生がサインを出し、笹目中の選手が入れば、廣川先生がサインを送る。もちろん、ランナーが美笹中、バッターが笹目中であれば、指導者2人がそれぞれにサインを出す。指導者間である程度の意思疎通をしたうえでのことだが、あまり聞いたことがない試みだ。

その話を知った遠藤先生は、「酒井先生の発想にはびっくり。まさに目から鱗です！」。じつは以前に、バッティングが好きな遠藤先生がバッターに、走塁指導が得意な上山先生がランナーにサインを出したことがあったそうだが、うまくいかなかったという。

合同チームということは、各校の監督が2人以上集まることになる。誰がどうやってサインを出すか。単独校では悩む必要がないところにも、意識を向けなければいけない。

## タブレットを有効活用

週末の練習試合のあとには、遠藤先生がその日の試合で感じたことなどをTeamsに書き込む。富士市はICT教育の一環で、全生徒にタブレットが支給されているため、部活動でも有効的に活用する。

「特に、コロナ禍で活動が制限されたときは、Teamsがあったおかげでコミュニケーションを取ることができました。試合後の投稿は、なるべく多くの生徒の名前を出すことを心がけています」

練習試合ではケガではない限り、全員を起用する。遠藤先生のこだわりは、「意味のある場面で使う」だ。

「『え？　ここでオレ？』と感じるような大事な場面で、代打で使います。打てなければ、悔しい気持ちになるはずです。その気持ちを大切にして、練習をしてほしい。たとえ、ピンチで送ったピッチャーが打たれとしても、『次、打たれないように努力しろよ』と言って終わりです。ぼくの根底にあるのは勝ち負けではなくて、子どもの成長が第一。それは、自分の学校の生徒でも、他校の生徒でも変わりません」

## 保護者同士の関係性を築く

合同チームになれば、選手だけでなく保護者も、2校以上の学校から集まることになる。この保護者の関係性を深めることが、チーム作りには欠かせないという。

「これまで、3校と合同を組んできましたが、一番大変なのが保護者同士の関係性を築くことだと感じます。練習試合のあとなど、保護者の席にふらっと足を運んで、よく話をするようにしています。『今日の試合、頑張っていましたね』とか、『家で自主練習頑張っていますか？』など、お互いの保護者に共通の話題を振る。中学野球までは、保護者の力が絶対に必要なので、関係性をつなぐことをかなり強く意識しています」

指導者から歩み寄り、コミュニケーションを取る。保護者会も定期的に開き、指導者側の想いを伝える場を設けている。

## 2．練習試合よりも練習の時間を取る試合ばかりでは考えを共有しづらい

基本的に、合同チームの活動は週末のみ。実戦経験が少なくなるため、積極的に試合を組む指導者もいるが、遠藤先生は練習を重視する。

「毎週末しか会えないからこそ、試合よりも練習の時間のほうが大事だと思います」

走塁、キャッチボール、バント、ノック、バッティングと、ともに同じ時間、同じ空間を共有しながら、意思疎通を深めていく。

指導者が複数いれば、当然、考え方に違いが生まれることもあるだろう。バントひとつにしても、指導者によってやり方は違うものだが、そこで混乱が生まれることはないのだろうか。

「実際、走塁の教え方は、ぼくと遠藤先生で違います。でも、子どもたちには、『いろんな野球があるよ。まずは試してみて、自分に合っていると思ったほうを選んでみたら？』という言い方をしています」（上山先生）

同じ質問を遠藤先生にすると、「全然気にしてないです」と即答された。クラスの生徒にも、よくこんな話をするという。

「先生（遠藤先生）が言っていることが、正しいとは思わないでほしい。あくまでも、選択肢のひ

とつ。先生とは違う考えを持つ人もいるから。そのなかで、どうやって適応したらいいかを考えていかないと、人生は生きていけないんじゃないかな。まずは受け入れてみて、ダメならダメで、違うアドバイスを選べばいい」

違った教えを受けることは、人間的な幅を広げることにつながっていくかもしれない。

「それは、指導者側にも言えることで、合同チームによって指導者、選手の数が増える分、考え方の幅が広がっていく。これは、合同チームのひとつのメリットだと思います」

## 3．その日に起きたことはその日のうちに できなかったプレーを必ず確認

練習試合をした場合には、試合後に数分で構わないので、できなかったプレーを再度確認する時間を設ける。たとえば、一、三塁の守りが乱れたのであれば、同じ状況を作り、もう一度やり直す。できるかぎり、成功体験を得てから、練習を終える。遠藤先生が特に大事にしているところだ。

「『その日のことはその日のうちに』。野球の面ではこれを一番大事にしています。試合後に、『チームとしての反省は何？　どんな練習をやりたい？』と必ず聞きます。そうすると、連携プレーなど、合同チームの今しかできない練習を子どもたちが選んできます。土日が終われば、また一緒に野球ができるのは1週間後。1週間前のことは忘れてしまうのが中学生です……」

上山先生の吉原三中では、週末に出た課題を平日練習に取り入れ、重点的に時間を割いていたと

いう。

「遠藤先生と、練習試合で出た課題をその日のうちに確認したうえで、平日の練習では次の土日までに改善できるように、できなかったプレーを数多く反復していました。ただし、練習時間は限られるので、〝あれもこれも〟にならないように、『ツーアウト二、三塁からのノックだけ』とか、『握り替えから送球までのステップだけ』など、ひとつに絞ってやることが多かったです」

なお、週末に関しては、午前は部活動、午後はクラブチームとして活動している。遠藤先生が約2年かけて、学校と交渉し、ようやく許可を得ることができたという。

「土曜日の午後は、学校のグラウンドがまるまる空いています。あまりにももったいないので、『社会体育として使えるように開放してください』と、管理職の先生にずっとお願いしていました。土曜日の午後に関しては、クラブチームとしての活動も交渉し、振興公社等の許可を得ることができました」

傷害保険に入ること、責任者は教員以外の人間にお願いすること（保護者会長が責任者）、指導における対価を得ないことを条件に、クラブ活動が認められた。練習試合のあとの練習は、クラブチームとしての活動になる。

「カットプレーや攻撃のサインプレーなど、1日に15分でも構わないので、必ずやる。これがあるかどうかで、チーム作りはまったく変わってきます」

わかりやすく言えば、定期テストで解けなかった問題を、返却されたその日に解くようなものだろうか。すぐに取り掛かることに意味がある。

こうした取り組みが実を結び、２０２２年春に全日本少年に出場することができた。出場するにあたって、合同チームのユニホームを新たにデザインすることが決まり、全国大会では全員が同じユニホームを着用した。それまでは、吉原東中と吉原三中それぞれのユニホームを着ていた。

「ユニホームを揃えることには、選手も保護者もとても喜んでくれました。やっぱり、別々のものを着てプレーするより、同じユニホームでプレーできたほうが嬉しいですよね」

複数校が集まる合同チームであっても、ひとつのチームであることに変わりはない。意思疎通を大切にしながら、両校の気持ちをつなげていくことが、チーム作りの大きなカギとなる。

宮城・仙台育英高

**須江 航**
監督

**猿橋善宏**
部長

# 日本一を知る指導者からのメッセージ 中学生に求められる力と、これからの部活動

2022年夏の甲子園で、東北勢として初の日本一を成し遂げた仙台育英高校。チームを指導する須江航監督と猿橋善宏部長は、中学軟式野球部の監督として全国大会で実績を残した共通点を持つ。高校野球の指導を経験したうえで、「中学時代に身に付けてほしいこと」「部活動の意義」とは何か――。

すえ・わたる　1983年4月9日生まれ、埼玉県鳩山町出身。仙台育英高～八戸大（現・八戸学院大）。大学卒業後、2006年に仙台育英秀光中等教育学校の野球部監督に就任。2014年に全中で優勝、日本一に。2018年より現職。2022年夏の甲子園では108年の高校野球の歴史で東北勢初の優勝を飾った。

さるはし・よしひろ　1961年7月29日生まれ、宮城県出身。仙台二高～東北学院大。大学卒業後、中学の教員となる。野球部の監督として、利府町立しらかし中在任中の2005年に全中準優勝。2022年より仙台育英高校の部長に就任し、須江監督とともに同年夏の甲子園の優勝へ導く。

## 技術面は「投動作」「投力」がカギ キャッチボールのペアにこだわる

**――企画テーマは、「中学時代に身に付けてほしいこと」です。中学と高校の指導を経験している須江先生、猿橋先生だからこそ、感じていることがあると思います。ぜひ、技術と思考の両面からメッセージをお願いします。**

**須江**　技術的な観点で言えば、「投動作」「投力」の習得です。この力を有しているかどうかで、「どのレベルまで野球をやれるか決まる」と言っても過言ではありません。競技特性を考えると、野球は「陣取り合戦」であり、「スロー（投力）」と「ラン（走力）」を持っている選手こそ、有利に働きます。投げる力に優れていれば、相手の進塁を最小限に食い止めることができ、そこに走るスピードが加われば、ギリギリの打球に追いつくこともできるわけです。

**――須江先生は走力のある選手も重視していますが、投力と走力ではどちらが重要でしょうか。**

**須江**　あえて言うのなら投力です。走力がなくても、打力がある選手にはチャンスが回ってきますが、打力があっても、投力がない選手は出場のチャンスがどうしても減ってしまう。どれだけバッティングが良くても、投げることに不安を持っていると、出場できるポジションが限られてしまうのです。そして、指導面で難しいのが、捕ることは練習でうまくなる一方で、投げることが劇的に上達する例はめったにない、ということです。投げる動作は感覚的な部分が多く、人間の運動動作の中でもかなり難易度が高い。小学生・中学生のときに身に付けておかないと、それ以降に改善するのは難しい運動と言えます。

**――高校野球を見ていると、それは実感します。**

**須江**　中学生にぜひやってほしいのは、投げるのがうまい子とペアを組んで、キャッチボールをすることです。言葉で動きを覚えるのではなく、理想的な動作を目で見て、自分の感覚に取り入れていく。小さい頃、お父さんとのキャッチボールで投動作が自然に身に付いたように、「見て、真似る」ことは感覚を磨くためには非常に重要になります。

**――自分の映像を見ることも大事ですか。**

**須江**　自分の動きを見てしまうと、感覚が崩れていく恐れがあります。自分の理想を描くよりも、うまい選手の動きを真似たほうが良いと思います。

**――「投力」という観点では、目安になる数字はありますか。**

**須江**　「目指せ、125キロ！」です。助走をつけたプルダウンで構わないので、高校に上がるまでには125キロを投げられるようになってほしいです（理想は130キロ以上）。125キロあれば、外野手のバックホームなどにも対応できるようになります。

**――野手の球速を測る習慣はあまりないですが、大事な観点ですね。**

**須江**　間違いないですね。仙台育英では全選手の球速を定期的に計測しています。あと、投げることで言えば、胸郭や肩甲骨などの柔軟性を獲得するエクササイズには、必ず取り組んでほしいですね。成長期である中学生は、骨が伸びる分、それを覆う筋肉が伸ばされ、体が硬くなりやすい傾向にあります。投動作に大きく関わっていくのが、胸郭や肩甲骨の柔軟性で、胸の張りや腕の振りにつながっできます。わかりやすいエクササイズにブリッジがありますが、インターネットで調べればいくらでもメニューが出てくるので、自分の可能性を広げていくためにも毎日取り組んでみてください。

**——強さよりも柔らかさ、ですね。**

**須江**　筋力の向上は、高校に入ってからでも間に合います。柔軟性を上げることに時間を割いてほしいと思います。

## 軟式の選手はリリースで力を集めるのがうまい
## 中学時代は背を伸ばすことに意識を向ける

**——仙台育英は軟式出身の投手が毎年活躍していますが、中学生を見るときに軟式と硬式の投手で見方を変えていますか。**

**須江**　感覚的な話になりますが、「軟式で〝投げられる〟は、硬式になったときに〝すごく投げられる〟」に変わる可能性があります。その理由がどこにあるかと聞かれると、正直わかりません。

**——ボールが変わることで、指にかかるようになるとか……。**

**須江**　一番考えられるのは、そこだと思います。軟式の選手を見ていて感じるのは、リリースで力を集めるのがうまい。ボールを離すタイミングで、力を集めることができる。硬式に比べて、数グラムほど軽いことが、その動きにつながっているのかどうか。子どもたちの「成長の段階に合ったボール」とは言えると思います。

**——中学生を見るときに、体のサイズは気にしていますか。**

**須江**　右投手であれば、やはり手足が長いほうが魅力を感じます。左投手は、右投手よりも希少価値が高いので、そこまでサイズは重視していません。投力を上げる話につながりますが、中学生のうちに取り組めるのは、背を伸ばすことです。手足が長ければ、それだけボールに伝えられるエネルギーは大きくなります。

**――背を伸ばすために、アドバイスできることはありますか。**

**須江**　身長が1センチ伸びたら、球のスピードが1キロ速くなり、打球の飛距離は1メートル伸びる。まずは、それを信じてみてください。成長期の中学生であれば、中学3年の夏を終えてからでもまだ背が伸びるチャンスがあります。当たり前のことですが、一番大事なのは、睡眠と食事です。1日8時間は寝てほしいですね。平日の夜に練習や塾があるのであれば、それを踏まえたうえで食事や勉強の時間を考えてみる。睡眠時間を確保することは、疲労を回復させる意味でも、非常に大事なところです。食事は三食しっかり食べることを基本としたうえで、多くの生徒を見てきた経験上、たんぱく質と亜鉛の摂取が身長の伸びに関わってくるのでは……と感じています。

## 軟式出身者は試合でのスイング速度が落ちる
## 「長打は正義」であることを十分に理解する

**――バッティングについて、中学生から感じることはありますか。**

**須江**　軟式の選手のほうが扱っているバットが軽い分、高校野球になったときに、バットをしっかりと振れるようになるまで時間がかかります。

**――一般的に、中学軟式は700グラム台前半で、中学硬式は800グラム台前半。日常的に振っているバットの重さはやはり大きいですよね。**

**須江**　正直、軟式のバットは軽すぎると思います。だからといって、体の成長度合いをあまり考えずに、マスコットバットで振る力を付けるのは、おすすめできません。適度に重たいバットと軽いバットを組み合わせて、振る力とともにスイングスピードを磨いてほしいと思います。あと、今話しながら思い出しましたが、高校野球に来たときに、軟式出身者と硬式出身者で大きく感じる違いがありました。軟式出身の選手のほうが、打席の中でのスイングスピードが遅いと感じます。

**――なるほど。その視点はありませんでした。**

**須江**　仙台育英では定期的にスイングスピードを測っていて、軟式出身でも速い選手はたくさんいます。ただ、試合の打席になると、スイングスピードの落ち幅が大きい。推測ですが、軟式はどうしてもインパクトでボールが変形するので、正確にコンタクトする意識が働くのかもしれません。

**――興味深い考察です。**

**須江**　競技特性も影響していると思います。中学硬式は得点の取り合いになりやすいですが、中学軟式は守り合いになりやすい。1対0や2対1のロースコアになることが多く、そうなると、空振り三振で走者が進まないことが非常に痛い。だから、コンタクトを重視する野球になるのも十分に理解できます。

**――素振りと試合でのスイングスピードは、どのぐらいの差なら合格でしょうか。**

**須江**　場面や状況もあるので、一概には言えないですが、8割あれば十分です。

**――試合でのスイングスピードを上げるには、どんな心構えが必要でしょうか。**

**須江**　打者有利なカウントでは、強いスイングを心がけてほしいですね。「陣取りゲーム」である競技特性上、2つ以上の塁を進むことができる長打は大きな意味を持ちます。「長打は正義」です。長打を求めない野球は、得点の可能性を自ら減らすことになります。カウントや走者の状況によってはスイングスピードを落として、コンタクトを重視することも必要なので、ケースに応じたバッティングができるのが理想と言えます。

## 中学時代に身に付けてほしい「傾聴力」人の話を受け入れ、理解し、吸収する

**――ここからは中学時代に身に付けてほしい、考え方や思考について教えてください。**

**須江**　中学生の年代で考えるのであれば、一番身に付けてほしい力は「傾聴力」です。単なる「素直さ」という意味ではなく、人の話をしっかりと受け入れて、理解し、吸収できるか。それは、大人の話だけでなく、仲間同士にも言えることです。

**――なぜ、傾聴力が大事になるのでしょうか。**

**須江**　高校に上がると、さまざまなスピード感が一気に上がります。勉強が難しくなり、野球のレベルも上がる。時間的にも忙しい日々を送ることになります。その環境の中で自分自身を伸ばしていける生徒は、人からの話やアドバイスを整理できる力を持っています。その根底にあるのが、傾聴力です。

**――納得です。「勉強」という言葉がありましたが、義務教育の中学生が9教科を学ぶ意味はどこにあると考えますか。**

**須江**　人の話を聴いて、理解していくには、基礎的な勉強は必須だと言えます。そのうえで、勉強

することによって、自分の考えを言語化することができます。名前を忘れてしまったのですが、女性タレントさんが、「勉強をしたり、本を読んだりするのは、言葉にならない感情が生まれたときに、適した表現を見つけるため」と話していて、本当にそのとおりだと思いました。

**――自分の想いや感情を伝える力ですね。中学生が傾聴力を磨くには、どんな取り組みが必要になりますか。**

**須江**　知的好奇心を持てれば、放っておいても話を聴くようになります。そう考えると、指導者側がどれだけ知的好奇心をくすぐるような話ができるか。子どもたちの心や脳を、どれだけ刺激できるか。私自身も大切にしていることです。

**――野球が好きで、うまくなりたいと思っていれば、おのずと好奇心は湧いてくるでしょうね。**

**須江**　もっと掘り下げて考えていくと、他者から学ぶ意識があれば、傾聴力は身に付いてきます。どういうときにその考えに至るかと言えば、失敗したときです。自分の行いを振り返るために、人の話を受け入れられるかどうか。それは、本やテレビからの学びでも構いません。

**――須江先生は「失敗から学ぶ力が大事」と話していますが、うまくいかないときこそ、人の話を聴くチャンス。**

**須江**　物事がうまく進んでいるときに、人の話を本気で聴こうとする生徒はほぼいません。それは、大人でも同じではないでしょうか。うまくいかないときにこそ、他者の考えや言葉を受け入れる心が開くものです。

## 勝利と本気で向き合うことで過程に価値が出る
## 振り返りのカギは「失敗だった」と思わせること

**――仙台育英秀光中の監督として2014年夏に全中を制し、仙台育英高では2022年夏に甲子園を制しまし**

**た。学生時代に勝つことの意味は、どのように考えていますか。**

**須江**　勝敗そのものの意味はほとんどありません。大事なのは、目標を成し遂げるためにどんな過程を経たか。その過程をより良いものにするには、最高の目標を本気で目指すことです。本気でやるからこそ、日々の取り組みに熱量が生まれる。何かひとつのことをとことん「やり切る力」も、勝利と向き合うことで、掴めるものだと考えています。「勝たなくてもいい」という気持ちが根底にあると、学べるものは少ないと思います。

**――秀光中時代から『日本一からの招待』をスローガンに掲げています。学校によっては、目指すところが地区大会優勝でも県大会優勝でも構わないですか。**

**須江**　もちろんです。自分たちが掲げた目標にどれだけ本気で向き合えるかが、とても重要です。

**――目標を掲げても、多くの学校は敗戦を経験します。秋や春の負けを夏の戦いにつなげるには、どんなフィードバックが必要になりますか。**

**須江**　とてもシンプルに表現すると、「失敗だった」と思わせることです。それは、負けたときだけでなく、優勝したとしても同じです。そこに至る過程の中で、すべてがうまくいくことなどあり得ません。2022年の夏に甲子園で優勝したときも、「もっとこうするべきだった」という反省はいくつもありました。人間は、達成感を覚えた瞬間に向上心が失われていきます。

**――須江先生は、「失敗」という直接的なワードを使いますが、あえてですか？**

**須江**　そのほうがストレートで、言葉にインパクトがありますよね。つまりは、「○」か「×」か。そこに「△」が入ってくると、フィードバックがどうしても甘くなってしまいます。

**――公立中は部活動ガイドラインの影響で、活動時間がどんどん短くなっています。短い時間で成果を上げるためには、何がカギになりますか。**

**須江**　練習が始まる前に、練習の目的を徹底的に確認することです。今日の練習は一体、何のためにやるのか。そして、どんな動きが「○」で、どんな動きが「×」なのかをチーム全体で共有する。理解のズレをどれだけなくせるか。1球やワンプレーの密度を上げていくことが、かなり重要になると思います。

## 野球は思考力や判断力が身に付くスポーツ 走攻守さまざまな場面で活躍ができる

**――仮の話ですが、須江先生が中学野球の指導に戻ったとしたら、どんなことに力を注いでいきたいですか。**

**須江**　野球人口を増やすことに、全精力を注ぎます。どんな分野でも、そこに関わる人が減っていくことは衰退の始まりですから。

**――それは、野球というスポーツに魅力があるからこその考えだと思いますが、「野球の魅力とは？」と聞かれたら、何と答えるでしょうか。**

**須江**　受け取り側の立場によって表現は変えていますが、大人（保護者）に対しては、「ワンプレーごとに時間があり、何をするかの選択肢が多いため、物事を判断する能力が磨かれやすいスポーツ」と説明しています。野球は「セットプレーの連続」で、一回一回、プレーが途切れます。だからこそ、考える時間があり、思考力や判断力を養うことができます。

**――身体的な能力に差があったとしても、考える力によって、勝敗がひっくり返るのが面白いところですね。**

**須江**　まさにそうです。あとは、打つこと投げること走ること、さまざまな場面で活躍の場があります。「なりたい自分」になるために、どんな能力を伸ばしていけばいいのか。チーム全体のバランスを考えたときに、どの能力を伸ばせば、チームの勝利に貢献できるのか。こうした思考を持つことで、自分自身を組み立てる力も身に付いていくはずです。

**――中学・高校野球で培った経験が社会に出たときに生きる人もいれば、ぷっつりと途切れてしまう人もいると感じます。この違いはどこにあるのでしょうか。**

**須江**　選手自らがこうしたことを理解して、野球に取り組んでいるか、でしょうね。指導者に言われるがまま、自分の考えを持たずにやっていたら、なかなか身に付いていきません。自分の思考を整理して、自らを組み立てていく能力は、社会に出ても必ず生きていきます。大人になって何か壁にぶち当たったときに、「高校時代にも苦しいことがあったけど、こういう取り組みで乗り越えていったな」と思えるだけの経験をしてほしい。「思考が帰ってくる場所」であってほしいですね。

**――では、子どもたちに向けての「野球の魅力」とは？**

**須江**　難しいことを言う必要はないと思います。打球を遠くに飛ばせたり、速い球を投げられたりしたら、面白いですよね。あとは、走攻守いろいろな動きがあることで、活躍の場が多様にある。だからこそ、野球は難しいスポーツなのかもしれませんが、それだけに面白い。仙台育英の取り組みから、ひとりでも多くの人に野球の魅力が伝わっていけば、指導者としてとても嬉しく思います。

## 猿橋善宏部長に聞く

### 今の時代こそ大切な「気合い」と「根性」
### 自分で決めたことを最後までやり切る力

**――お待たせしました。続いて、猿橋先生お願いします。同じ質問になりますが、中学時代に身に付けてほしいことは何でしょうか。**

**猿橋**　「気合い」と「根性」ですね。

**――令和の時代に、久しぶりに聞いた言葉です。**

**猿橋**　この時代だからこそ、です。ロシアとウクライナの戦争に代表されるように、世界的に大きな転換期に来ています。基本的に、転換期というのは破壊的なもので、前にあったものが壊れていく。そこに武力的な権力闘争が入ると、人の命が奪われるようなとてつもなく大きな破壊が生まれます。こうした時代を生き抜くためには、気合いと根性が絶対に必要。そのベースがなければ、たとえ素晴らしい知力を持っていたとしても、発揮することはできないと思います。

**――中学生や高校生の年代で考えたときに、猿橋先生が定義する「根性」とは何でしょうか。**

**猿橋**　「自分がこれだと思ったことを、世の中に形として表わすまでやり切ること」。簡単な例を挙げれば、目の前の光景を絵で表現したいと思うのなら、自分が納得できるレベルまで一生懸命に描き上げることです。決して、誰かからの命令や指示に対して、ヘトヘトになるまで頑張れ、という意味ではありません。「自分が夢見るものがあるのなら、最後までやり切りなさい」ということです。

**――一度決めたことはやり抜く。一時期よく言われた、「グリット」に近いですね。**

猿橋　気合いや根性は遺伝的な要素とともに、生活環境も強い影響を受けると考えています。何かを完成させるプロセスを間近で見ている人間は、無意識のうちに備わるのではないでしょうか。

**――伝統校が毎年強いことと似ていますか。**

猿橋　そうです。須江先生の話の中に、「うまい選手とキャッチボールをやったほうがいい」というアドバイスがありましたが、日本人は周りに同調する能力が高いので、良い雰囲気を感じると、それに影響を受けやすい側面があります。

**――中学生が気合いと根性を身に付けるためには、何をすべきでしょうか。**

猿橋　ＰＤＣＡ（Plan=計画／Do=実行／Check=確認／Act=改善）サイクルを、中学時代に教わってほしいと思います。中学校でよく見られるのが、計画を立てるところに時間をかけて、その計画が動き始めてからのチェック機能が甘いことです。その計画がどこまで進んでいるのか、うまくいっていないとすればどこに改善点が必要なのか、あるいは計画そのものに無理があったのか。計画を立てて終わりではなく、その後の確認や改善を丁寧に行い、物事を成し遂げるためのプロセスを学んでいく。それを中学生だけに任せるのはさすがに非現実的なので、教員である大人がサポートするべきだと思います。

**――計画をうまく進めていくためのフィードバックのポイントはありますか。**

猿橋　教員の多くが、「どうすれば、短い時間で効率よく成果を出せるか」を考えがちですが、人を育てることは、植物の促成栽培と違って、すぐに結果が出るものではありません。

**――計算できるものではないと。**

**猿橋**　そばにいて、長く見ることが何より大事です。どれだけ同じ空間、同じ時間を、ともに過ごせるか。『眼差し効果』という言葉もありますが、教員が眼差しを向けていることで、子どもたちは「見てもらっている実感」を得ることができます。コロナ禍でバーチャルな空間の活用が加速したからこそ、リアルな世界を大事にしてほしい。子どもたちは言葉ではうまいことを言っていても、その行動や姿勢を見ていれば、感じることが必ず出てきます。言葉ではウソをつけても、行動ではウソをつけませんから。そこで悩んでいる様子が見て取れれば、適切なタイミングで声をかけていく。目標に向かってうまく進んでいるときは、余計な声かけをしないほうがいいときもあります。

## 「勉強すれば人が育つ」と考えるのは危うい 人生を豊かにするには「寄り道」が大事

**――中学校の部活動に関して、猿橋先生もご存じのとおり、土日の活動を外部に委託する動きが現実化しています。こうした流れを踏まえたうえで、学校の中に部活動がある意義はどう考えていますか。**

**猿橋**　学校に部活動がある最大の意義は、ひとりの生徒のことを多面的に見られる機会が増えることです。勉強が得意ではない子であっても、部活動で自分を生かす場所を見つけ、自分らしさを発揮することができます。周りがそうした姿を知ることによって、さまざまな角度からその生徒を見ることができる。教員の立場だけでなく、友達同士の関係でも非常に大事な意味を持つものです。

**――「勉強だけ」の視点になると、自分を生かす場所が限定されてしまうと。**

**猿橋**　人間はひとりひとり、さまざまな個性や能力を持っています。それを発揮できる機会を増やしてあげるのが、学校の役割です。さらに言えば、部活動はほぼ無料でいろいろな体験ができるわけです。縮小せずに、教員の給与を上げることなどで人員を増やし、継続するのが望ましかったと思います。

**――3年後、5年後に部活動がどういう形になっているかはわかりませんが、中学生を受け持つ教員に望むことはありますか。**

**猿橋**　中学生は、何でもチャレンジできる年代です。自分の空想や妄想を現実化することに夢中になれる。大人とは違って、お金の制約や時間の制約もさほど受けることはありません。何かに夢中になれることは、人生において非常に素晴らしい時間です。周りから〝無駄〟だと思われることでも、それが知識のかけらになったり、知的好奇心につながったり、どこでどう生きてくるかは誰にもわかりません。人生の寄り道が、人生に〝彩〟を与えてくれるかもしれません。料理で言えば、カレーライスの福神漬けみたいなものでしょうか。

**――今の世の中は、寄り道の余裕もないかもしれないですね。**

**猿橋**　そもそも、そういう視点がないですよね。「勉強をすれば人が育つ」と思うのは大きな間違いです。子どもが育っていくには、寄り道が大事。中学生の年代であれば、まだいくらでも寄り道する時間あるはずです。それを理解してもらったうえで、「これからの教員は、〝優秀な労働者〟を育てようと思うのは辞めるべき」というのが、私の考えにあります。社会全体が近代化していく流れの中では、読み書きができて、正確に物事を遂行できる〝優秀な労働者〟が、大量生産、大量消費の時代では求められていました。しかし、時代が急速に変化してきた今、社会に求められるのは〝クリエイティブな思考〟を持った人材です。

**――0から1を生み出すような仕事ですね。**

**猿橋**　そうですね。アーティスト、料理人、クリエイター、起業家など、ある種の職人です。だから、〝優秀な労働者〟よりも〝クリエイティブな職人〟を育てていく気持ちが必要になると思っています。

**――須江先生が「教育者はクリエイターでなければいけない」（詳しくは、小社刊・須江航著『仙台育英　日本一からの招待』参照）とよく語っていますが、猿橋先生の考えに影響を受けたものですよね。**

**猿橋**　教員もクリエイターであり、職人です。そういう視点を持てるようになれば、教員の仕事がより面白くなるのではないでしょうか。

## 中学生は野球の試合で考えるとまだ立ち上がり　同世代の仲間と高め合うことで人生は変わる

**――中学生は13歳から15歳、高校生は16歳から18歳。人生80年と考えると、やれることはいくらでもありますね。**

**猿橋**　野球のイニングに例えて考えてみましょう。人生80年としたら、中学生はまだ立ち上がりです。まだまだ先は長い。

**――でも、試合の立ち上がりは結構大事ですよね。**

**猿橋**　そうなんです。進む道は、早めに決まることが多い。育った環境による「環境因子」に大きく影響を受けることが、研究でもわかっています。でも、それですべてが決まるわけではなく、「非共有環境因子」の影響が大きいことも、またわかっています。それは何かと言えば、同年代の仲間の存在です。毎日のように同じ時間、同じ空間をともにしている仲間が、高い意識を持っていれば、それに引っ張られていくように成長していきます。では、ごく自然に高い意識を持てるかとなると、それはまた難しい話で、そのグループに良い影響をもたらす大人の存在が必要になるわけです。

**――中学生が立ち上がりとしたら、高校生もまだ2回ぐらいですね。**

**猿橋**　そのあたりでしょうね。ただし、「プロ野球選手になって活躍したい」と思うのであれば、立ち上がりから、気合いと根性を持って勝負をしなければ、夢を実現することはできません。18歳でドラフトにかかったとして、長くプレーできても40歳前後。そこまでできる選手はごくわずかで、30歳過ぎまで現役でいられたら幸せな野球人生と言えるでしょう。野球選手として花を咲かせたいのであれば、早めの勝負が必要になります。

**――親の立場から考えると、早期教育に力を入れる気持ちもわかりますね。**

**猿橋**　そういうことです。大事なことは、両方の視点を持っておくことだと思います。スポーツ選手として活躍するための思考と、人生80年と考えたときの視点を備えておく。よく言われますが、野球を終えたあとの人生のほうがはるかに長いですからね。

## 野球は「社会の縮図」そのもの ODCAとOODAの両方を学べる競技

**――最後は、須江先生と同じように、「野球の魅力」で締めさせてください。**

**猿橋**　野球は、社会の縮図ですよね。多くの人間が集まって、成果を上げようとする中で、さまざまな課題が生まれ、それを解決するために工夫を凝らす。個人の能力を上げることも大事だけど、だからといって勝利が確約されるわけではない。みんなが最大限に頑張ったとしても、何かひとつのミスで試合の流れが一気に変わって、負けることもある。「こんなはずじゃなかったのに」と失望したくなる現実を突きつけられても、結果を受け入れて、次に向かってスタートを切る。また、試合をすることで、戦ったものにしかわからない信頼が生まれ、交流が深まっていくこともある。すべてが、社会で現実に起こりうることですよね。

**――社会で必要なことを、学生のうちに学ぶことができる。以前は、「1対1もあり、チーム対チームの戦いがあるのが野球の面白いところ」とお話されていたこともあります。**

**猿橋**　そのとおりです。投手対打者の1対1もあれば、チーム対チームの駆け引きもある。そして、攻守が必ず入れ替わり、攻撃の権利が等しく与えられる。これは、戦略ゲームとして非常に面白いと思います。さまざまな場面で時間をかけて、考える力が求められる。だから、個々の能力に差があっても、頭を使うことでひっくり返すことができるわけです。最近では、「OODAループ」という思考法が重要とされていますが、野球を通じて学ぶことができると思います。アメリカ空軍で活用されていた考え方で、航空戦に臨むパイロットの意思決定に生かされていました。観察（Observe）、情勢への適応（Orient）、意思決定（Decide）、行動（Act）の4段階を、グルグルとループさせるイメージです。野球で勝つには、瞬間瞬間の判断が必要不可欠で、「1ボール2ストライクから三振を取りにきた決め球が外れたときに、次に何を狙うか」というように、相手の心理や状況を観察しながら、適切な意思決定が求められる。OODAループにつながるところがあります。

**――最近では、PDCAでは意思決定のスピード感が遅く、古い。変化の速い今の時代には合っていない。OODAのほうが意思決定が速く、時代に合っている……という記事を読んだ記憶があります。**

**猿橋**　それは解釈の違いです。ＰＤＣＡは長期的な戦略で、ＯＯＤＡは短期的な戦術に生かされる思考法になります。空対空の命をかけた戦いにおいて、ＰＤＣＡではたしかに遅いのは間違いありませんが、古いとか新しいではなく、生かす場所が違うということです。

**――なるほど、納得です。**

**猿橋**　野球には長期的な戦略も、短期的な戦術も必要になります。これらを学ぶことは、社会に出たときに必ず生きてくる。そう考えると、やはり野球は「社会の縮図」ですね。

## 『中学野球の未来を創るオンラインサロン』開設

2021年2月1日に、フェイスブックのグループページを活用し、『中学野球の未来を創るオンラインサロン』(月額1400円/書籍1冊分の情報提供を心掛けています)を開設しました。現在、150名を超える指導者、保護者、野球ファンの方に参加いただいています。

ゲスト(月1回)を招いてのZOOM交流会や、動画による練習メニューの紹介、練習見学会、お悩み相談会など、さまざまな企画を配信しています。本書に登場した駿台学園中・西村晴樹監督、勝谷大コーチ、相陽中・内藤博洋監督、南部中・遠藤浩正監督、鹿児島育英館中・森永顕悟監督、秦野アンビシャス・野澤伸介先生、川口クラブ・武田尚大先生には、ZOOM交流会のゲストにも来ていただきました。

指導者同士の交流の場としても、ご活用いただけます。北海道から沖縄まで、全国の指導者が参加されています。登録後、過去の動画や写真などはすべて見ることができます。どうぞよろしくお願いいたします。

https://community.camp-fire.jp/projects/view/365384

著者プロフィール

# 大利 実（おおとし・みのる）

1977年生まれ、横浜市港南区出身。港南台高（現・横浜栄高）－成蹊大。スポーツライターの事務所を経て、2003年に独立。中学軟式野球や高校野球を中心に取材・執筆活動を行っている。『野球太郎』『中学野球太郎』（ナックルボールスタジアム）、『ベースボール神奈川』（侍athlete）などで執筆。著書に『中学の部活から学ぶ　わが子をグングン伸ばす方法』（大空ポケット新書）、『高校野球　神奈川を戦う監督たち』『高校野球　神奈川を戦う監督たち2　神奈川の覇権を奪え！』（日刊スポーツ出版社）、『101年目の高校野球「いまどき世代」の力を引き出す監督たち』『激戦　神奈川高校野球　新時代を戦う監督たち』（インプレス）、『高校野球継投論』（竹書房）、『高校野球界の監督がここまで明かす！　野球技術の極意』『高校野球界の監督がここまで明かす！　投球技術の極意』（小社刊）などがある。2021年2月1日から『育成年代に関わるすべての人へ　～中学野球の未来を創造するオンラインサロン～』を開設し、動画配信やZOOM交流会などを企画している。

https://community.camp-fire.jp/projects/view/365384

装幀・本文デザイン　山内 宏一郎（サイワイデザイン）
DTPオペレーション　貞末 浩子
編集協力　馬渕 綾子
編集　滝川 昂（株式会社カンゼン）
取材協力　北海道日本ハムファイターズ

# 新時代の中学野球部
## 勝利と育成の両立を目指す名将の指導論


発行日　　2023年8月4日　初版

著者　大利 実
発行人　坪井 義哉
発行所　株式会社カンゼン
〒101-0021
東京都千代田区外神田2-7-1 開花ビル
TEL　03(5295)7723
FAX　03(5295)7725
https://www.kanzen.jp/
郵便為替 00150-7-130339
印刷・製本　株式会社シナノ



万一、落丁、乱丁などがありましたら、お取り替え致します。
本書の写真、記事、データの無断転載、複写、放映は、著作権の侵害となり、禁じております。
©Minoru Ohtoshi 2023
ISBN 978-4-86255-684-4　Printed in Japan
定価はカバーに表示してあります。
ご意見、ご感想に関しましては、kanso@kanzen.jpまでEメールにてお寄せ下さい。
お待ちしております。

## 極意シリーズ　好評発売中

高校野球界の監督がここまで明かす！
### 打撃技術の極意

履正社　岡田龍生監督
明石商　狭間善徳監督
仙台育英　須江航監督
明豊　川崎絢平監督
米子東　紙本庸由監督
県相模原　佐相眞澄監督

三井康浩
神事努

定価：1870円（税込）

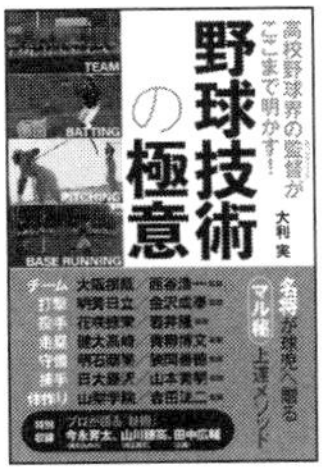


高校野球界の監督がここまで明かす！
### 野球技術の極意

チーム　大阪桐蔭（大阪）・西谷浩一監督
打撃　明秀日立（茨城）・金沢成奉監督
投手　花咲徳栄（埼玉）・岩井隆監督
守備　明石商業（兵庫）・狭間善徳監督
捕手　日大藤沢（神奈川）・山本秀明監督
走塁　健大高崎（群馬）・青柳博文監督
体作り　山梨学院（山梨）・吉田洸二監督

今永昇太（横浜DeNA）
山川穂高（埼玉西武）
田中広輔（広島）

定価：1760円（税込）

高校野球界の監督がここまで明かす！
### 走塁技術の極意

前橋育英　荒井直樹監督
山梨学院　吉田洸二監督
仙台育英　須江航監督
元東海大相模　門馬敬治監督

塩多雅矢
川村卓

和田康士朗（千葉ロッテ）
荒木雅博（中日）

定価：1870円（税込）

高校野球界の監督がここまで明かす！
### 投球技術の極意

常総学院　島田直也監督
県立大崎　清水央彦監督
八戸工大一　長谷川菊雄監督
立花学園　志賀正啓監督
海星　葛原美峰アドバイザー
日本体育大学　辻孟彦コーチ

吉見一起（元中日）
谷繁元信（元横浜・元中日）

定価：1870円（税込）